たった3行！

心を添える一筆せん。

臼井由妃
Yuki Usui

現代書林

はじめに
たった一枚の「一筆せん」で、心が通い合う

こんにちは、臼井由妃です。私はあなたと出会えるのを、心待ちにしていました。

「ほんのひと言、あるかないか？」「たった一行、思いを伝えるかどうか」で、あなたの人生は輝きあふれるものになるということを、お伝えしたかったからです。

私は幼少期に患った吃音《きつおん》のトラウマにさいなまれながら、社会人になりました。そして病が再発。コミュニケーションが取れず、仕事に支障をきたし退職勧告を受けたり、自ら退社の道を選び、職を転々とする。アルバイトで食いつなぐ日々が、13年も続きました。コミュニケーションへの苦手意識が消えないまま、時間が過ぎていったのです。

そんな私に転機が訪れたのは、「由妃ちゃん、いい声をしているね」と言う尊敬する女性からの「ひと言」でした。

「おはようございます」「こんにちは」……挨拶《あいさつ》程度しかできない。会話が弾むことなどな

かったのに、私の声をほめてくれた。その瞬間、気づいたのです。

「多くを語らなくていい」
「思いを込めたひと言で、人の心は動かされる」

しかし「たったひと言」でも気の利いたことや、素直な思いを声にすることは、当時の私には難しかった。面と向かうと、緊張で頭の中から「ひと言」が消えてしまうのです。

そこで思いついたのが、「一筆せん」を使ったコミュニケーションでした。

伝えたいことをタイミングよく話をするのは難しくても、相手の顔を思い浮かべながら素直な思いを書いて伝えることならば、私にもできる。形にとらわれない「一筆せん」ならば、気負わず書けるのではないか。

取引先に送る資料にひと言メッセージを添えたり、旅先で見つけた一筆せんやポストカードを使って、友人に近況報告をしたり。贈り物にひと言添える……。

そんなふうにしているうちに、コミュニケーションへの苦手意識がなくなりました。人と会うのも楽しくなったのです。今、こうしてあなたに、私の経験をお伝えできるのも、「一筆せん」が育んでくれたご縁だと感謝しています。

本書では、簡単に時間をかけず楽しんで続けられる「一筆せんのコツ」や、「ひと言添えの魅力」をご紹介していきます。どれも私が行い、成果を上げてきたものばかりです。

「ひと言添える」

それだけで、あなたを取り巻くすべての方々と心が通い、絆が深まり、実りあふれる人生へと導かれていきます。一筆せんが私の人生を変えたように、あなたにも素晴らしい出会いが待っていると、私は確信しています。

臼井《うすい》由妃《ゆき》

たった3行！ 心を添える一筆せん。 もくじ

書くことに慣れたらこんなワザ

第1章 ビジネスで「素敵な女性」と思われるコツ

第2章 好感度抜群の営業につなげるコツ

第3章 職場の人間関係がよくなるコツ

第4章 大切な人の心に寄り添うコツ

第5章 家族との絆が深まるコツ

第6章 心地よい人間関係をつくるコツ

第7章 自分を元気にするコツ

プロローグ「一筆せん」で、おもてなしの心を届けよう

思いが伝わる書き方のポイント

100円ショップで購入した「一筆せん」で、一生の友を得た実話

笑顔がチャーミングな道子さんへ
あなたのがんばりを、私は知っています。
焦らずあなたらしく生きましょうね。

これは、仕事をしながら家事をこなし、そのうえ、お姑《しゅうとめ》さんの介護を続けていた友人に私が送った一筆せんです。

笑顔が魅力の彼女なのに、顔を合わすたびに表情は曇り疲れがにじみ出ている。口では「バリバリ元気よ」

「今日も絶好調！」

なんておどけているけれど、彼女が置かれている立場を知っていた私には、から元気にしか思えなかったのです。

でも負けず嫌いで弱音を吐かない。仕事では常にトップクラスの成績を上げ、家事も手抜きなし。完璧主義を求めているのは、傍目《はため》からもわかっていましたから、疲れた様子に気づいても誰一人、

「本当に、大丈夫？」

「無理していない？」

とは言えなかったのです。

言いたいことをタイミングよく伝えるのは、難しい。

誰しも触れられたくないことがあり、プライドもありますから、面と向かってストレートに言われたら、察してくれる気持ちはわかっても素直に受け取れないでしょう。

でもあの時の道子さんは、

「本当の私をわかって」

「誰か助けて、お願い……」

無言で訴えているように見えました。

頑《かたくな》なまでにがんばっている彼女の心を和らげたい。親友と言うほどの間柄ではなかったけれど、私は見過ごすことができませんでした。

そこで、相手の顔を思い浮かべながら素直な言葉を短く綴《つづ》る「一筆せん」を選びました。吟味した3行をそこに書いたのです。

時候の挨拶やご機嫌伺いなんていりません。
大切なのは、あなたの思いを〝自分の言葉〟で伝えることです。

一筆せんを送って3日ほど経《た》った頃、道子さんから電話がありました。

「ありがとう。ごめんね、心配かけて。私……がんばる自分に酔っていた。誰かにほめてもらいたかったんだよね」

彼女の声は涙で震えていたけれど、穏やかだった。「これからは自分のペースで無理せず歩んでいこう」という決意のようなものを感じました。

そして10年、お姑さんを看取った今、彼女は言います。

「由妃さんからの一筆せんで私は吹っ切れたの。あれは宝物よ」と。

感激で胸が震えました。

私こそ、あの時送った「たった3行の一筆せん」で、心を許せる親友という宝物をいただきました。

でもあの一筆せんは当時、出店ラッシュで沸き立っていた100円ショップで購入したのは、内緒です。

手間や労力へのお礼は、お金や品物だけではない

多忙を極めている時に、「私にできることがあったら、遠慮なく言ってね」と声をかけてくれる仕事仲間。

「猫の手も借りたいと思ったら、私の手を使ってね」なんて、冗談交じりに言う友人。

アイロンがけが苦手な不器用な私を見かねて「そういうのはカリスマ主婦の私にお任せよ！」と、照れながら語る友人。

そんな頼りになる人がいるから、私は生きていける。仕事やプライベートの充実をはかれるのです。

誰もが、支えられて生きていると、頭ではわかっていても、仕事が順調で時間やお金にも余裕がある時には、

「他人の力がなくても、平気よ」

なんて傲慢《ごうまん》にも思う瞬間は、あなたにもあるでしょう。

しかし苦手なことや面倒なことに直面する、締め切りが迫る……すると、

「どうしよう？　間に合わない」

そうなって改めて、自分を支えてくれる人の存在を知る。

情けないけれど、私自身、そんな繰り返しをしてきました。


羽振りがよく強気でビジネスを進めていたころの私は、とにかく生意気でした。

率先して仕事を手伝ってくれたり、プライベートな相談にのってくれた人へのお礼は、高価で希少価値があって驚きを呼ぶようなもの。

相手は要求などしていないのに、ときに「大金」を包むこともありました。

お礼の気持ちよりも「ものが先行」していた。

手間や労力へのお礼は、それでいいと思っていたのです。

でもそれは、相手の気持ちを無視した「自己満足の行為」。

極端な話「見返りが欲しかったのよね」なんて、彼らの純粋な気持ちを汚す言動をしていたのと同じです。

当時の私は、お礼のお金や品物に添えるメッセージにしても、バカのひとつ覚えのように「○○様へ　感謝を込めて　臼井由妃」。

何に感謝をしているのか？　手間や労力をいただいたことで、どんなふうに助かったのか？　その結果どうなったのか？

尽力をしてくれた人はそうしたことが知りたいはずなのに、報告はなしに「感謝を込めて」では、首をかしげるでしょう。

いかにも事務的ですよね。

当時の私は、「尽力へのお礼は金品」で、感謝の言葉など「添えもの」にしか過ぎないと、決め込んでいました。

そんな私を変えたのが、親友から届いた一筆せんです。

由妃さんへ
感謝の意味を知っていますか？
由妃さんが好きだから、言うの……。

由美子

私は、横っ面を思い切り叩かれたような、衝撃を受けました。

「感謝の意味を知っていますか？」

たった1行に、目が覚めたのです。

私は、尽力をしてくれる大切な人たちなのに、どこか見下していた。

金品を贈ることができる自分に酔っていた。

本当に恥ずかしい、情けない。

自分の愚かさを教えてくれた由美子さんの
「感謝の意味を知っていますか？」

という一文は、12年経た今でも、忘れられません。

ひとづきあいは、どうあるべきか？

手間や労力へのお礼は、お金や品物だけではないということ。

そこには、**心があり、あなたらしい素直な言葉が息づいている**ことが重要なのです。

メール好きな人も「手書きの言葉」を待っている！

どんな人でも自分は特別扱いされたい、大切にされたいと願っています。

そんな心のうちを察してくれる人がいたら、本当にうれしいものです。

メールで、

「○○さんが、探していた本を見つけました。神保町の△△書店にあります。お店のホームページはこれです」と、知らせてくれる。

あるいは、

「○○さんのファンだとおっしゃっていましたよね。来月の26日に青山でライブがあるのですが、ご一緒しませんか？」などと誘ってくれたら、その気遣いに感激します。

間違いなく好意を抱くでしょう。

いい意味でえこひいきが表れているメールは、いつまでも保存し時折見返しては、感激を新たにするものです。

しかし、パソコンや携帯に大切に保存したメールを何かの拍子にうっかり削除してしまったり、見られなくなったり。

私自身、「思い入れのあるメール」を失った経験が、何度かあります。

相手にとっては何気ないメールだったかもしれませんが、私には宝物。

宝物をなくした嘆きは、いつまでも尾をひくものです。


では、同じ内容が、手書きで送られてきたらどうでしょうか？

メールや携帯で連絡をとるのが当たり前のようになった今、手紙やはがきをいただく機会が減ったのは事実。

そんななか、自分を気遣った貴重な情報を「手書きの言葉」で教えてくれたら、文字に宿る相手の思いも汲《く》んで、喜びは倍増するのは間違いありません。

相手の顔を思い浮かべ微笑《ほほえ》んだり、うれし涙を流したり。

「すぐにでも会いたい」

「話がしたい」

そんな思いに駆られる人も、多いでしょう。

メール好きな人も、「手書きの言葉」を待っている。

あなたが手書きの言葉に感激するように、相手もあなたからのアクションを待っているのです。


でも、字が下手だから手書きは避けたいとか、手紙は堅苦しいから苦手と言う人がいます。

字は下手でもいいのです。むしろ個性があって素敵ではありませんか。

手紙は堅苦しいから苦手と言う方、メールと同じぐらいの労力で送れる「手紙」があるのですよ。

それが「一筆せん」です。

「一筆せん」は、ほんのひと言や3行ほど文章を書けば、体裁よく収まる、時代に即した「コミュニケーションツール」です。

そこに要する手間や労力は、メールとほとんど変わりありません。

しかしメールとは比較にならないほど相手に喜ばれ、一緒に仕事がしたい、力になりたい、もっと仲良くなりたいと思われるのです。

それは、なぜでしょうか？

手書きの文章に触れる機会が少なくなってきた今だからこそ、「ひと手間かけてくれた」というおもてなしの心が、相手に響くのです。

ですから延々と文章を綴ったメールで何度も説得を試みても、心よい返事が引き出せない人から、自然に無理なく「イエス」が得られるのが、手書きの力。

「一筆せん」のなせる業なのです。

心を添える書き方の基本

少ない言葉で多くの情報を伝えるコツ

贈り物をお渡しする場面を想像してみてください。

あなたならば、どんな言葉を伝えるでしょうか？

お誕生日のプレゼントならば、

「お誕生日おめでとうございます」

「33歳、おめでとうございます！」

これでも思いは伝わりますが、さりげない「ひと言」を添えたら、印象がガラリと変わります。相手にもあなたにも、忘れられない誕生日になるでしょう。

お友だちならば、

「お互いに、いつまでも若々しくありたいですね」

「いつでも頼りにしてね」

「新しいことに、一緒に挑戦していきましょう」

年上の方や会社の先輩には、

「○○さん（様）に、憧れています」

「いつの日か、必ず○○さん（様）に恩返しをします」

「出来の悪い私を見守ってくださって、ありがとうございます」

こんな「ひと言」を伝えられたら、ラブレターをもらったような気持ちになります。

美辞麗句で、人の心は動きません。ましてや多くを語ることで、相手の心をとらえようとするのは勘違い。多くの言葉を伝えるほどに、相手の心は離れていきます。

大切なのは、たった「ひと言」。あなたの心に浮かんだ相手に対する素直な思いを、手書きにしたためればいいのです。

そうして届けた言葉は、思いやりや愛情にあふれています。

言葉遣いが多少おかしくても、あなたと相手だけにしかわからない表現でもいいのです。

必ずや、

「友だちでよかった」

「大切にしたい人」

と、あなたを見直すでしょう。

誕生日でなくても、彼女や奥様には、

「ずっとあなたを愛し続けます」

「あなたの笑顔に、励まされています」

「手料理がおいし過ぎてメタボだぞ（笑）」

彼や旦那様には、

「ありがとう、私の大事な旦那様です」

「苦労もさせられたけれど、大好きです」

「あなたより先に天国に行かないからね」

二人で歩んできた道のりを振り返りながら、愛情あふれるジョークを交えるのもいいでしょう。

お母様には、

「生んでくれた事、本当に感謝しています」

「お母さんをお手本にしています」

「お母さんに似てきたって言われるの、うれしい」

お父様には、

「お父さんのように、カッコよく年齢を重ねたい」

「お父さんによく似た彼と結婚したこと、気づいていますか？」

「あの時叱ってくれたから、立ち直ることができたの」

飾らず素直な言葉を贈りましょう。


こんなひと言を添えられたら、恥ずかしがりながらも、熱いものがこみ上げてくるでしょう。


美味《おい》しいものをいつもいただいていたら飽きます。食欲も失せてきます。

言葉も同じです。

相手が読んで気持ちがよくなるには、美味しい言葉は少しでいい。

そのほうが、余韻が効いてくる。

多過ぎる言葉を減らしたほうが、言葉に重みが増すのです。

すると何度も読み返したくなりますし、そのたびに笑顔があふれ心豊かになります。

感じがよい人の「手紙」には、漢字が少ない

いただいたものの、読む気が起きない手紙があります。
何が原因だと思いますか？
堅苦しい文面や四字熟語、普段はほとんど使わない漢字表現。
便せんから重々しさが伝わってきて、頭が痛くなってしまうからなのです。
実際にいただいた手紙から、抜粋してご紹介します。

「時下益々ご盛栄のこととお慶び申し上げます。
平素は、格別のご厚情を賜り、厚く御礼申し上げます。
さて来たる○月○日、18時より拙宅にて銀婚の集いを開催することと相成りました。
これも臼井様始め皆様方のお力添えのお蔭と衷心より感謝する所存です」

「拙宅」という表現に覚えのない方もいらっしゃるでしょう。

私も久しぶりに目にしました。要約すると、銀婚式を迎えるので、自宅でパーティーを行うという案内です。

ホーム・パーティーなのですから、親しい人や気の置けない仲間を招き、わきあいあいと過ごすのが目的でしょう。

ですから案内状には、そうした期待を膨らませるような表現をするのが、望まれるはずです。ですが文面からは、そうした期待感は得られません。

ご盛栄、ご厚情、来たる……とは、まるでビジネス文書です。

拙宅、相成りましたも、親しい関係では使わないでしょう。

ちょっと古臭い印象も抱きます。

また、衷心よりと書いてあると、逆に本当に本心から？　と思ってしまいます。

ホーム・パーティーと言いながらも、本当はフォーマルな集まりなのではないかと疑ってもしまいます。気軽に参加できない雰囲気です。

ではここで、漢字を減らし、やさしい表現で書き直してみます。

（訂正例）

「こんにちは、臼井由妃さん　お元気でいらっしゃいますか。

このたび銀婚式を迎えるにあたり、自宅に親しい方をお招きしパーティーを開くことにいたしました。

大いに飲んで食べて楽しい場になればうれしいです。

日時　○月○日(土)　18時~21時」


どうでしょうか?　だいぶ柔らかくなったでしょう。

漢字を減らしひらがなを多く使うと、距離が近づいてくる。親しみを覚えるのです。

「衷心より感謝する所存です」というのは、気持ちが遠ざかる一方です。

「心より感謝いたします」や「誠に有難うございます」でも、距離があります。

「有難うございます」で近づき、「ありがとうございます」で、もっと親しくなるのです。

ちょっとした工夫ですが、文章の趣旨や相手の立場を考えながら、やさしい言葉やひらがなを上手に使い、わかりやすく伝えるのが、本物の気遣いです。

悪筆でもなぜか美文字に見える「書き方」

実は、私は字が下手です。

でも「臼井さんが書いた一筆せんを読むと安心する」とか、「何だか和むよね」と言ってくださいます。それはいくつかの工夫をしているからです。

その工夫をここで紹介します。

1　文字は、右肩上がりに書く

文字の横棒が右肩上がりになっていると、かっこいい文字に見えます。

たとえば「川」や「大」「小」など単純な漢字を水平な線だけで書くと、間が抜けた印象になってしまいます。

すわりはよくても、子どもっぽい文字に見えますから注意しましょう。

2　とめやはね、はらいは丁寧に書く

字が汚い人は、文字を書くのにかける時間が短いような気がします。

特にとめやはね、はらいなどは無頓着になりがちです。

文字のはねは、筆記用具の先を跳ね上げるようにして紙から放す。

とめは、止めた場所から動かないようにして紙から放す。

はらいは、ペンをさっと流すようにして紙からペン先を放す。

このポイントを意識するだけでも、読みやすい文字になります。

3　等間隔で書く

「巨」や「三」といった文字を書く際には、空ける間隔を等しくするとバランスが取れ読みやすい文字になります。

試しに、間隔を無視して「巨」や「山」「三」などを書いてみてください。普段は美しい文字を書いている人でも間違いなく汚い字になります。

それほど効き目がありますので、活用してくださいね。

4　数字には特に気を配る

縦書きで一筆せんに数字を書く場合には、「十一月十八日」というように漢数字を使っています。この場合「一一月」ではわかりづらいので「十一月」です。

時に算用数字を使う場合もありますが、その際「6と0」「1と7」「7と9」などは、わかりにくくなりがちですから気を配って書きましょう。

文字は、下手でもいい。上手に書こうとしないで、きちんと書くことを心がける。それが安心感や清潔感を与え、人の心を動かすのです。

縦書きvs横書きのメリット・デメリット

私は60歳、同年輩の方にとって、便せんと言えば「縦書き」をイメージする方が多いでしょう。横書きの手紙はぴんとこない、という方もいらっしゃると思います。

親しい人に送る手紙には横書きの便せんを使用する場合もありますが、目上の人や改まった手紙を書く場合には、縦書きにするのが常。実用的で、心がこもる。

あらゆる面で便せんと言えば、縦書きに軍配が上がるのではないでしょうか。同じ内容を横書きと縦書きで、書き比べてみるとその理由が明確になります。次の文章をお読みください。

「○○様に
常務取締役へのご昇進、おめでとうございます。
働く場は違っていても、〇〇様の活躍は頼もしく同期として誇りに感じております。
お祝いの品を別便にてお送りいたしましたので、お納めいただければ幸いです。
○○様には、益々のご活躍を祈念しております」

大学で同期であった友人の昇進祝いを別送する際の手紙です。昇進を祝い、喜びを伝えるとともに、益々の活躍を願うのが手紙の趣旨です。

これをそのまま横書きにすると、その違いが一目瞭然です（下記をご覧ください）。

「○○様に
常務取締役へのご昇進、おめでとうございます。
働く場は違っていても、〇〇様の活躍は頼もしく同期として誇りに感じております。
お祝いの品を別便にてお送りいたしましたので、お納めいただければ幸いです。
○○様には、益々のご活躍を祈念しております」

縦書きのほうが、読みやすく、わかりやすい。

より心がこもっている印象を、受けますよね。

対して、横書きにすると事務的で、クールな印象を抱くのではないでしょうか。

字が下手という意識のある方や、丸文字のクセがある方が横書きにすれば、益々悪筆に見えたり、幼稚な印象も与えてしまいかねません。


最近は、横書きの一筆せんも種類が増え、年長者の方にあてる手紙やフォーマルな文章にもマッチするものがありますが、感謝や感激、感動など、素直な気持ちを込める手紙には、縦書きがおススメです。

日ごろから、メモや連絡ノート等も縦書きで書く習慣をつけるといいでしょう。

そうすれば、短い文章でも気持ちを込めやすくなる。

たった1行、わずかひと言に、あなたの思いがしっかり反映されるようになります。

「一筆せん選び」で、センスのよさをアピールしよう

実は一筆せんは、手紙としての機能だけでなく付せんやメモ帳代わりにもなります。実用的で応用が利く、それでいて、心がこもった印象になりますから、手紙だけでなく、ちょっとひと言伝えたい時にも、「一筆せん」を使いましょう。

ではどんな視点で選べばいいのでしょうか？　まとめましたので、送る方の年齢や季節、シチュエーション、趣味や趣向などを考慮しながら、あなたらしいものを選んでください。

1　白地vs生成り地vsカラー地

白地といっても、真っ白なものから、薄く色のついた生成り地のものまでさまざまあります。真っ白に近いものほど礼儀正しい印象を与え、生成り地のほうが柔らかな印象です。また色つきのものでは、淡いピンクは女性らしさ、淡いブルーは清潔感、淡いグリーンは慎《つつし》みなどを演出できますので、ＴＰＯに応じて使い分けるのもいいでしょう。

2　罫線《けいせん》ありvs罫線なし

書いているうちに文字列が曲がるクセがある方や、初めて一筆せんを使う方には罫線のあるものが、文字が書きやすくておすすめします。

罫線がない無地の一筆せんは、ほんのひと言だけ添えたい時や、これから本書でお話しする、あえて「1行」だけの手紙を書く時に便利です。

また大きな文字を書く方は、罫線が少なく行の間隔が広いものを選ぶと、文字が罫線からはみ出てしまうのを気にすることなくスラスラ書けます。

3　和紙vs洋紙

和紙は繊細で女性らしいイメージを与えます。さらに、万年筆を使えばインクのにじみも独特の味わいになります。

一方、洋紙はしっかりした男性的なイメージ。インクも均等に広がり、カジュアルで若々しい印象になります。

4 縦書きvs横書き

縦書きのほうが、オフィシャルな印象を受けます。ビジネスや目上の方に送る場合は縦書きが無難です。

また悪筆が気になる方やクセ字の方は縦書きのほうが綺麗《きれい》に見えますので、おすすめします。

そうは言っても、横書きに馴染《なじ》んでいるという方もいらっしゃるでしょう。企画書や提案書などビジネス文書の大半は横書きですから、書きやすいというのならば、目上の方に横書きで送っても失礼にはなりません。

大切なのは、あなたの思いを文字に込めることです。

一筆せん選びでセンスを見せる。仕上げは、より綺麗に見える書き方です。

まずは、余白を広くとって書くようにしましょう。

次に、できる限り1枚にまとめるのが理想です。

収まりそうにない場合は、早めに2枚目に移るくらいの気持ちで書くと、読みやすくなります。

こまめに改行をすると、自然と余白が生まれるだけでなく、文字の傾きも防げます。
イラストや絵柄がある一筆せんを使う際には、書き始める前に絵柄にかからないように、文章をどこで改行するか、目安をつけておくのもいいですよ。

書くことに慣れたらこんなワザ

何でもない日に「感謝の言葉」をしたためることができる人

誕生日や結婚記念日、クリスマスやバレンタイン・デーなど、節目の時には相手を思い「感謝の言葉」を伝えることはしても、普段は「ありがとう」のひとつも伝えないという人はいませんか？

家族だから、旧知の仲だから「ありがとう」は、伝えなくてもわかってくれている。面と向かって「ありがとう」なんて照れて言えないという方。

このままでは、あなたは家族や友人知人、会社や組織など、集団の中で孤立する心配があります。

言わなくても察してくれていると考えるのは、傲慢《ごうまん》です。

心で思っていても伝えなければ、相手の心には届きません。

仮に、「感謝している」「喜んでいる」「感動している」など、あなたの素振りから相手が感じ取ったとしても、それだけでは寂しいものです。

できる人は、何でもない日こそ大切にする。


私が知る限り、仕事ができてひとづきあいを心得ている人は、何でもない日に心を揺さぶるようなひと言を添えた、ちょっとしたプレゼントをしています。

プレゼントといっても、数百円から1000円代。相手にも自分にも、負担にならない金額に収まるものです。

たとえば冷え性の女性には、入浴剤に「心も体も温まってね」。

ダイエット中の友人男性には、万歩計に「いい男への道も一歩からですよ」。

アルコールに目がない友人に、「肝臓と仲良くしないと、許さないぞ」とひと言。たしなめながらも、休肝日を記したカレンダーを贈る人もいます。

夫婦げんかの後に、自撮りで「ごめんなさいポーズ」を撮って、奥様に「君がいないとだめなんだよ」と、ひと言添えた一筆せんを渡す知人もいました。

いずれにしても、相手を思い察する心がないと、こうした行動はとれません。自己中心的で自分さえよければ構わないという人には、できない芸当なのです。相手を自分だと思って接する。まずはそこから始めましょう。すると感謝のタイミングや好ましい方法が見えてきます。

「イエス」を引き出す「一筆せん」は、「……ね」がカギ

不思議なもので「○○に違いありません」「○○に決まっています」と言われると、反発したくなりませんか?

人は決めつけられるのを、嫌います。

それは自分が相手よりも立場が下、不利という印象を抱くからです。

ですから、相手の同意や共感を得たい時には、あなたの考え方や方針、行動にゆるぎない自信があっても、「です!」「違いない」「絶対に」「必ず」など、完全肯定は禁物です。

そうした発言は、相手に考えさせる余裕を与えず、反発を抱かせるだけ損です。

特に形が残る文章に使えば、読み返すたびに「決めつけられている」「押しつけられている」と不信感は増すばかりです。

そんな事態は避けたいでしょう。

そこで、おさえておいて欲しいのが、「……ね」という表現です。

たとえば商品の納期を厳守して欲しいからと、「絶対に約束は守ってください」「納期厳守です！」と伝えるよりも、

「納期は○月○日ですからね」

「何か（困ったことが）あったら早めに伝えてくださいね」

というように、「……ね」を語尾に置くのです。

すると、言い放された印象ではなく自分に語りかけている。

実際会話をしていなくても、話に加わっているような気持ちになります。

完全肯定で迫られるのと違って、「そうだよね」「わかった」と相手の提案や意見に従う。

素直に「イエス」と言ってしまう。「イエス」の行動を自然にとるのです。

言葉で相手を制するのは会話では成立しても、文章では不自然。

それに書き方によっては、脅迫まがいにもなりかねません。

説得だけでは人の心は動きません。

「……ね」は、説得を納得に変える魔法の一語。

ただし多用は禁物。ここぞという時に「……ね」を使いましょう。

「敬」は○「老」は×、年長者への一筆せん心得

一筆せんには、素直に思いを綴るのがよいと前に書きましたが、それがすべてではありません。

明らかに年老いた人でも、「老い」には拒否反応を抱く人が多い。

優先席、シルバーシートも好きでないという方もいらっしゃいますし、「老人会」「老人クラブ」という名称が嫌で、誘われるが絶対に入会しない、とおっしゃるご年配の方もいます。

他人には大した問題ではなくても、当人には大問題。


年長者へ一筆せんをしたためる際には、「老」「加齢」はもとより、「若々しく見える」も、私は書かないようにしています。

「若々しく見える」には、「それなりの年齢なのに」という前提条件が含まれるからです。

「敬老」で言えば、「敬」は敬う気持ちで受け入れられても「老」は認めたくないのが人情。

「若々しく見える」も同様なニュアンスに受け取る方が多いようです。


一筆せんの文章は長くて3行ほど。

ですから、一言一句、インパクトがあると言ってもいいでしょう。

素直に思いを綴るのは大切なことですが、相手の気持ちになれば、どう伝えたら心地よいのか、腑《ふ》に落ちるのかと、考えることも忘れないでくださいね。

でも難しく考えないで大丈夫。


相手の顔を思い描きながら書く。

そこさえぶれなければ、失礼に当たる言葉や嫌悪感を抱く表現は使わなくなります。年長者はあなたの未来の姿、お手本です。そうとらえたら、素敵な言葉があふれ出します。

ここぞという時に使いたい「ひと言」

私は印刷した手紙を送る時にも必ず、一通一通、相手の顔を思い浮かべながら、ふさわしい「ひと言」を書くようにしています。

ここで、私が活用している、ここぞという時に使いたい「ひと言」をご紹介します。

オフィシャルな集いに参加を促す「ひと言」

- ●目利きの〜さんに、ご意見を伺いたいです。
- ●見識のある〜様の御眼鏡にかなえば、うれしいです。
- ●お誘いできるだけで幸せです。
- ●厳しいお声をくださいね。

●参加してよかったと思っていただける集いにいたします。

食事や趣味の会に誘う「ひと言」

●〜さんがいないと始まりません。
●以前から〜さんと、ゆっくりとお話ししたいと思っていました。
●〜さん、盛り上げてくれませんか？
●実は私〜さんの隠れファンです。
●率直なご意見を期待しています。

応用範囲の広い「ひと言」

●〜様だからお誘いいたしました。
●〜さんの顔を見るとほっとします。
●〜さんには何でも話したくなるんです。
●〜さんにお会いできるのを心待ちにしております。
●必ずとは言いません、でも参加して欲しいのが本音です。

ここぞという時に、長々と綴るのは野暮です。ほんの1行、1行がいいのです。それ以上書くと、恩着せがましさやお節介なイメージにもなりますから、注意しましょうね。

あえて1行で終える「必殺ワザ」

「会いたい」とひと言。

なぜ、どうして、どこで……まったくそこには触れていない1行の一筆せんを受け取ったら、あなたはどう思いますか？　いろいろ想像しますよね。

「好意を寄せている？」
「愛しているから……？」
「えっ？　私、既婚者なのに」

やがて想像は、妄想にまで発展するかもしれません。

こんなふうに、**親しい人にはあえて1行で終える一筆せんを送るのもいいものです。**

それはマンネリになりかけた人間関係や仕事に、新風を吹き込む刺激剤。感性は相手によって異なりますから、さまざまな反応を知ることができます。

先の1行の手紙に1行「私も……」と返信したら、「では○月○日の予定はどうですか？」と1行が返ってきました。

これは私自身の経験談です。

相手は尊敬する恩師ですから、その遊び心がうれしかった。

こうしたことを面倒と思うか、楽しいと思うかはあなたの感性によりますが、他人がやらないことをさらっと綴る。

そんな心の余裕がある人は、間違いなく「人をトリコにできる」魅力を秘めた人です。

文章は必ずしも完結していないと送れないわけではありません。

問いかけ、投げかけ、ひとりごとのようなものでも、相手に響く場合もあるのです。

あえて1行で終える一筆せんを送ってみませんか？

その1行は吟味した、本当に伝えたいことならばいいのです。

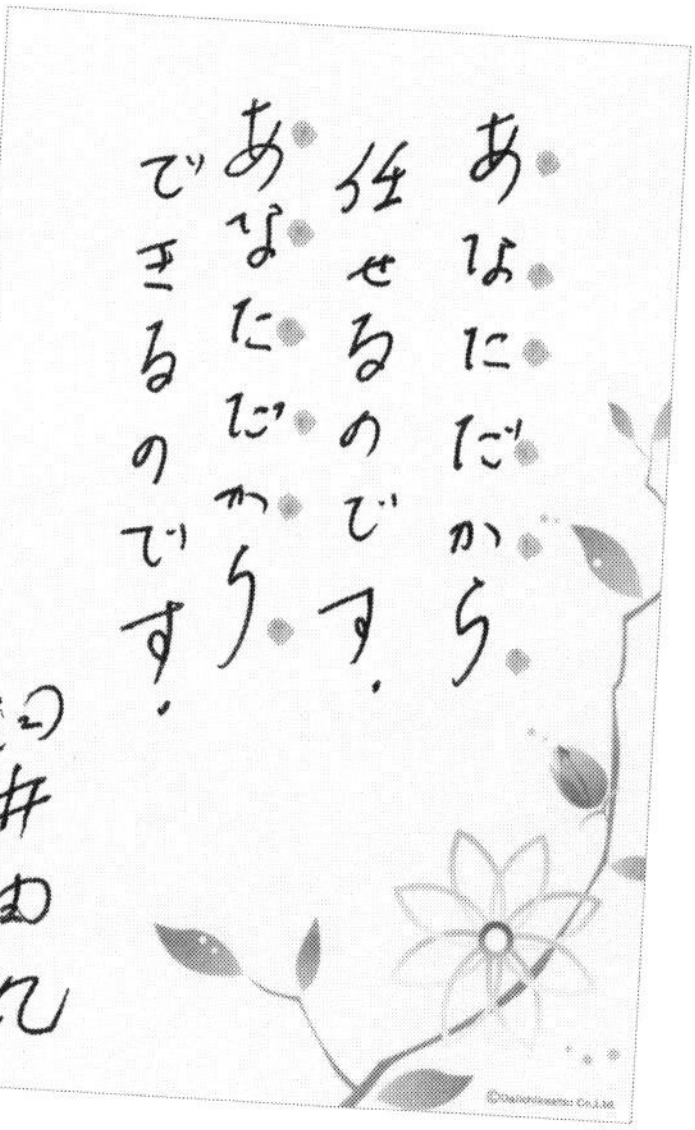
あなただから
任せるのです。
あなただから
できるのです！
臼井由紀

第1章 ビジネスで「素敵な女性」と思われるコツ

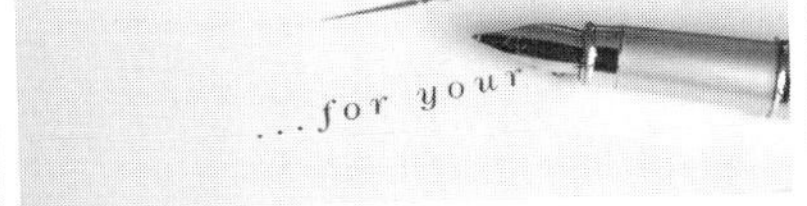

100名超の集いでも「氏名」を覚えてもらえる「一筆せんテク」

100名を超える参加者が集うパーティーや会合で、大量の名刺を抱えながら名刺交換に必死な人を、目にしたことがありませんか？

集いは出会いの場。そこにビジネスチャンスや人生を変えるようなキーマンとの出会いがあるかもしれませんが、おいしい思いをしたいからと名刺交換の体はしていても「名刺収集」に終わっている。

機械的に名刺を扱っているだけの人を見るにつけ、「もったいない」と感じます。時間と労力の無駄遣いをしているようで、残念な気持ちになります。

最近では写真やイラスト、紙の色やデザインなどに工夫を凝らした名刺を使っている方が多く、自己紹介の基本であるフルネームをきちんと名乗り、自分が何者であるかがわかるようになっています。

でも「中古車販売一筋、30年。○○株式会社を経営しております、臼井由妃です」などと、笑顔満面で「今日、お会いできるのを楽しみにしておりました。光栄です」とひと言添えて名刺をお渡ししても、よほど個性的な人でもない限り、すぐに忘れ去られます。

名刺や気の利いた自己紹介だけで、氏名を覚えてもらうのは難しいのです。

だからといって、自己PRを延々とするのは相手の大切な時間を奪うもの。集いに参加する方は、さまざまな人と会話をするのを楽しみにしているはずですから、その思いを壊すことにもなります。

そこで活用したいのが「一筆せん」です。

参加する方がわかっていて、そこに会いたい人がいるのならば

「尊敬する○○様へ

10年来、憧《あこが》れ続けていました。

白井由妃」

「大ファンである○○様へ

お会いできるのを指折り数えておりました。

白井由妃」

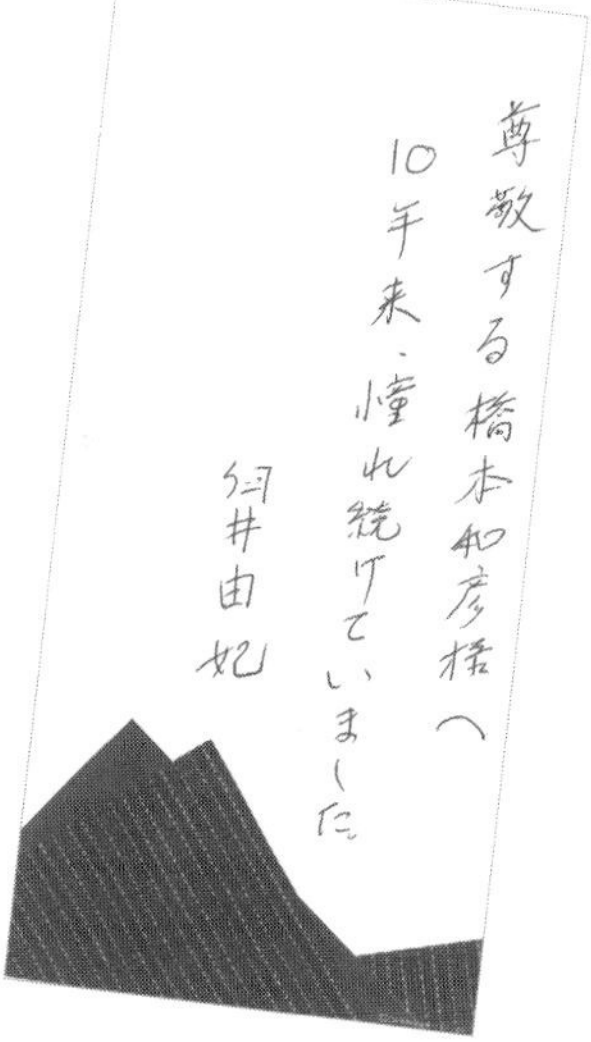

というようにほんのひと言、伝えたいことを書いた一筆せんを準備して集いに参加します。

この際、**自己PRはしないのが鉄則です。**

名まえを覚えてもらうのが目的ですから、読み間違いやすい氏名の方はルビを振るといいでしょう。

そして実際にお会いしたら、名刺に一筆せんを添えてお渡しするのです。

本来でしたら、一筆せんは封筒に入れてお渡しするのが礼儀ですが、するとラブレターかお金のように傍目《はため》には映る可能性があります。

それにかさばりますし、すぐに読んでいただけませんので、

「10年来、憧れ続けていました」

「お会いできるのを指折り数えておりました」

と、ひと言添えをなぞるように見せながらお渡ししています。すると、

「うれしいなあ、こんな経験は初めてですよ」

「憧れているなんて、恐縮してしまいます。ありがとう」

皆さん、笑顔になって、

「臼井由妃さんですね」

「はい、由妃という字が変わっていますでしょう」

「そうですね、珍しい」

「楊貴妃の妃と書いて『き』と読ませます。名まえ負けですかね」

「そんなことはありませんよ（笑）」などと、氏名も覚えていただき会話も弾みます。


どんな方が参加するかわからないが、素敵な出会いを期待するのならば、「今日は5名の方と親しくなろう」などと、大人数を考えずに、年齢や性別、雰囲気を想像しながら応用が利くひと言を書いた一筆せんを準備してから集いに参加するといいでしょう。


この場合、相手の名まえや様子が、わかりませんから、

「素敵なあなたにお会いできる予感がしていました」

「改めてお話する時間をいただけたらうれしいです」

「今日はいい日になりました」

などのひと言を選んでいます。

もちろん自分のフルネームは欠かせません。

これら一筆せんを使ったあなたの名まえを覚えてもらう方法は、大勢を狙って行うものではありません。

本当に会いたいと願っていた人、また会いたいと思う人、これからあなたが交流を深めたい人に向けたテクニックです。

くれぐれも一筆せんのばらまきはしないように、大切な人に届けてください。

ビジネス文書に差をつける「ちょっとおしゃれなひと言添え」

これまで、一筆せんを使った短い文章で相手に思いを伝えることのメリットをお伝えしてきました。

「要するに、文章の無駄をなくせばいいのね」

「できる限り短く書けば、私の思いは届くのか……」

そう簡単なものではありません。

文章の量を少なくすることばかりに頭が行くと、ワンパターンな表現になったり、言い放つ形になったり。

「混沌《こんとん》とした経済情勢」「暗雲立ち込める人間関係」「慇懃無礼《いんぎんぶれい》な振る舞い」「切磋琢磨《せっさたくま》する所存です」など、硬くて味わいのない、身の丈を外れた表現をしてしまう。

いずれにしても、冷たい印象になりがちです。

文章の無駄を省いたことで、伝えたいことは相手に届いたとしても、「ずいぶんとクールな人だな」なんて思われたら、損ではありませんか。

売り上げ競争にしのぎを削るビジネスの場であっても、事の正否を決めるのは人。支えたい、協力したい、互いに学び成長したいと思う、あなたのファンが何人いるか、あなたに関心を寄せる人をどれだけつくれるかがカギです。

ですからビジネス文書であっても、事務的に伝達するのではなく、「ちょっとおしゃれなひと言添え」で、安心感や信頼感を相手に与えたり、やる気や元気をさりげなくアピールする。あたたかさや深み、余韻を与え、あなたを「大切なビジネスパートナー」としてとらえる仕掛けが欠かせません。

ビジネス文書に差をつけるために、私が気を配っているポイントは、

1　相手をのせる1行から始める

2　相手を驚かせる1行から始める　です。

相手をのせる1行とは、共感や協調、納得、親近感、微笑みなどを導くもの。

相手を驚かせる1行とは、衝撃や感動、意外性、歓喜、感涙などを導くものを意味します。

次の文章を読み比べてください。どれもビジネス文書に添える一筆せんですが、違いが明確にわかると思います。

当たり障りがない事務的な文章の場合。

「お世話になります、○○株式会社営業部　臼井由妃です。
10年来、研究を重ねて参りました『○○』が完成いたしました。
見本品をお送りさせていただきますので、お試しいただければ幸いです。
詳しくは、添付文章をご覧くださいませ」

先の文章を、相手をのせる1行から始めるスタイルに変えてみます。

「山田部長様に真っ先にご報告いたします。
10年来研究を重ねて参りました『○○』が完成いたしました。
見本品をお送りさせていただきますので、お試しいただければ幸いです。
詳しくは、添付文章をご覧くださいませ。
○○株式会社営業部　臼井由妃」

次に相手を驚かせる1行から始めるスタイルを示します。

「山田部長様、お待たせして本当に申し訳ありませんでした。
10年来研究を重ねて参りました『○○』が完成いたしました。
見本品をお送りさせていただきますので、お試しいただければ幸いです。
詳しくは、添付文章をご覧くださいませ。
○○株式会社営業部　臼井由妃」

書き出しの1行を変えるだけで、印象がずいぶん変わってきます。
当たり障りがない事務的な文章よりも、「真っ先にご報告いたします」というひと言から始めれば、自分は特別扱いされているという優越感にひたりながら読み始める。「お待たせして申し訳ありませんでした」のひと言から始めれば、「何だろう？」と興味を引かれながらぐいぐい文章に引き込まれます。

相手との距離を縮める、他人と差別化をはかるテクニックとしてぜひ活用してください。

忙しい相手に確実に読んでもらえるビジネス文書とは

たくさんの仕事を抱え、さまざまな人間関係をつくりながら日々を送っている私たちは、誰もが忙しい。「忙しい」と口にしなくても、常に時間に追われている感を持っていると言えるでしょう。ですからビジネスに限らず、プライベートの伝達でも**「サッと読めてスッと入る、わかりやすい文章」が求められます。**

またそうした文章が書ける人を、気配りができる人、仕事ができる人だと誰もが好感を抱くのです。

短くて伝わる文章が書けるようになると、相手にストレスを与えることなくあなたにもメリットがあります。これは活用しない手はありませんね。

次の文章を読んでください。

前略
時下ますます、ご清祥のことと存じます。

田中様におかれましては、ご健勝のこととお慶び申し上げます。

また平素は、弊社に格別のご高配を賜りありがたく厚く御礼申し上げます。

ご依頼をいただきましたオリジナル製品ですが、貴社のご希望の価格、納期で承れる体制が整いました。

詳しくは後日、ご説明に伺わせていただきます。

今後とも、貴社のますますのご発展と田中様のご健勝を心より祈念しております。

簡単ではありますが、取り急ぎご報告させていただきました。


このような文章を受け取ることは、多いと思います。

便せんにすると、1枚ないし2枚、200文字を超える程度の文章ですが、形式にとらわれ過ぎて用件以外の要素が多く、読むのが面倒。堅苦しい印象を抱きませんか？

それに「前略」とあるのに、略式になっていないですし、「取り急ぎ……」と書いてあるのに、スピーディーに相手に趣旨が伝わりません。

仕事に追われスケジュールが目いっぱいの相手ならば、読みだした途端に「後回しにしよう」と弾かれる可能性すらあります。

それはビジネスチャンスを逃すだけでなく、相手にも不利益をもたらす「残念な文章」。賢明なあなたは、やってはいけない行為です。

そこで用件優先に一筆せんを使って、確実に読んでもらえる文章に変えてみましょう。

前略

ご依頼の製品の件、ご希望の価格、納期で了解いたしました。

詳しくは、後日ご説明に伺わせていただきます。

取り急ぎ、ご報告させていただきました。

草々

いかがでしょうか？

文字数は三分の一以下、書くのも読むのもスピーディーになります。先の文章に比べるとはるかにわかりやすく伝わるでしょう。


文章は伝わってこそ価値があります。

お行儀がよくても着膨れした文章は、相手を惑わす不親切なもの。対して一筆せんを使った文章は、スリムでストレートに相手に届く、忙しい相手の時間や労力を最小限に、情報を届ける親切なものです。

ちなみに、「前略・草々」は、略式手紙を失礼にしないための言い回しですから、これを使った際にはズバリ用件に入ればいいのです。

勢いのある「ひと言」で、できる人に見せる

元気ややる気を演出しようとして「がんばっています」「がんばってください」「一生懸命に努めます」「誠心誠意尽くします」などと、伝えてしまうことはありませんか？

つい言ってしまう「がんばって」も、相手によっては重荷に感じる。何事もない状況ならば気にも留めない「ひと言」が、時に落ち込む材料になることもあるのです。

ちなみに、見落としがちなのが「○○ない」「○○しない」などの否定的な表現です。

たとえば、

〈1　ツイてない。収入が増えない。信頼できる人がいない〉

などと文章にあったら、愚痴のはけ口に自分はされているようで、嫌気がさすでしょう。

しかし少し視点を変え前向きな表現にすると、

〈2　ツキはそこまできています。創意工夫をすれば収入も上がりますよね。信頼してもらえる自分になります〉

1の文章に比べると、2はかなり明るく感じませんか。

一筆せんのような短い文章では、一つひとつの言葉の重みが大きいだけに気を配る必要があります。

私が特に注意しているポイントは4つあります。

1　元気ややる気を「カタカナ」に込める

「ワクワク」「ルンルン」「ウキウキ」「オーケイ！」など。

2　ユーモアやジョークを取り入れる

「心美人さん」「さわやか○○ちゃん」「由妃さん改めうまくゆきさんへ」など。

3　書き出しで引き付ける

「あなたの夢を見ました」「宣言させてください」「やる気が文章から伝わりますか？」など。

4　否定語を避け肯定語に変換する

「ダメ」は「大丈夫」に、「できない」は「できる」に。そこまで断言する自信がないならば「可能性がある」「勝算が見込める」というようなプラスイメージを与える表現を使ってもいいですね。

言葉は生き物。選び方、言い方ひとつで困難が希望に、挫折が勇気に変わっていきます。

「おやじ殺し」と言われる人の一筆せん

「おやじ殺し」とは物騒な表現ですが、ちょっとしたひと言で、男女性別問わず、年上の方から目をかけられる、好感を持たれる人がいます。

実力重視とは言っても、日本のビジネス社会は年功序列が常です。

昇進や昇給、プロジェクトの成功など、あなたが存分に能力を発揮するには、「おやじ世代」の力添えがあるとないとでは、結果が変わってきます。

仕事ができる人、結果を出す人は、そのあたりを十分理解していますから、日ごろから「おやじ世代」である「上司」や「恩師」の心に刺さる言葉を送っています。

そのビジネスを円滑にするための「土台づくり」に、「一筆せん」を活用しています。

彼らの一筆せんに共通するのは、文末を大切にしているということ。

3行程度の一筆せんでは、ほんのひと言、文末を大切にすることで、満足感を得たり余韻を楽しめたりします。

文末はフルコースで言えば、「デザート」。

一流のレストランになればなるほど、「パティシエ」と呼ばれる菓子職人がつくる菓子やデザートなどで美味しさだけでなく、見た目にも配慮するように、「文末」に気を配るのです。

「今後ともよろしくお願いいたします」
「引き続きよろしくお願いいたします」
「簡単ではありますが、ご挨拶に代えさせていただきます」
と、無難な表現で終えてしまうのが普通でしょうが、文末をひとひねりすると文章全体がイキイキとしてきます。

それまでパッとしていない文章でも、一気におしゃれに輝いて見える、インパクトがあって忘れられない文章になります。

誰しも書き出しの1行には気を配りますが、最後の1行に達した時には気が回らず、先のような無難な表現や、「まずはお礼まで」とか「ご報告まで」と、簡略化した挨拶で終わってしまいがちです。
書き出しで惹《ひ》きつけても文末でこけたら、すべてが帳消しになります。

おやじ殺しと言われる人の文末は、

1　親近感や共感を演出する
2　ユーモアを添える
3　とっておきの話で終える
4　素直な気持ちを余韻に残す
5　体温が感じられるような言葉を添える

この5つのポイントをおさえています。

旅先から恩師に送った一筆せんの場合で見ていきましょう。

1　親近感や共感を演出する

今、金沢に来ています。
風情のある街並みと美味の数々に、心躍ります。

○○さんがおっしゃるとおり、金沢は格別ですね。

2　ユーモアを添える

今、金沢に来ています。
本当に魅力あふれる街ですね。
移住したいくらいです。

3　とっておきの話で終える

今、金沢に来ています。
一日散策をしていたら、○○さん好みの日本酒を見つけました。
季節限定とのこと。お届けします！

4　素直な気持ちを余韻に残す

今、金沢に来ています。
趣のある風景に癒されています。

帰りたくない……かも。

5 体温が感じられるような言葉を添える

今、金沢に来ています。
しばらくぶりの旅行で、はしゃいでいます。
ワクワク、ウキウキが届きますように。銘菓を別送します。

文末で人柄や感情を示すと、思わず笑顔になったり、うなずいたり。おやじ世代に限らず、余韻に浸り、ときめくに違いありません。

謝罪は「つかみ1行」が決め手になる

陥れようとか痛い目に遭わせようなどとはまったく意図していないのに、ちょっとした言葉遣いが原因となって、相手に嫌悪感を与えてしまう——。誤解や勘違いは、人間関係につきものです。

悪いように解釈したのは相手の勝手なのだから、放っておく、気にしないという方もいらっしゃいますが、あなたが謝罪することで、事態が収拾するのならば「謝るが勝ち」。素直に謝罪できる人は「価値ある人」と言えます。

日本人は簡単に謝るという向きもありますが、人間関係のいざこざに時間や労力を費やすよりも丸く収めたほうが「賢い選択」だと思います。

誰だって頭を下げるのは嫌、苦手でしょう。「謝罪」に及び腰になるのはわかりますが、相手の怒りの矛先が自分に向けられているとわかれば、即、謝るべきです。

その際、**求められるのはスピードと肉声、手書きの謝罪文です。**

私でしたら、できる限り直接お会いして「ごめんなさい」と、相手の目を見てしっかり伝えます。「ごめんなさい」の前には、言い訳はしません。

なぜ相手が怒っているのか、今ひとつ原因がわからない場合には、「ごめんなさい」の後に、相手が何と言ってくるのかを待ってから、たずねます。

「あんなキツイ言い方をするなんて、信じられない」というような返事があれば、あなたの発言が原因なのは確かですから、「悪気はなかったの、言葉遣いがまずいんだね。本当にごめんなさい」と返せばいい。

「妙な噂を流しているなんて信じられない」というような発言があれば、「誤解です。でも、そんなふうに思われるのは私の言動に問題があるからですね。ごめんなさい」と答えればいいのです。

不思議なもので「顔も見たくない」と怒っていた相手であっても、顔を合わせ、誠心誠意謝れば、頑な心も解けます。

あなたが言い訳をしなければ、相手から率直な気持ちを打ち明けてきます。

面と向かって謝罪したら、さらに念を押しましょう。

手書きの謝罪文を送るのです。たとえば、

「○○様へ

先ほどは、謝罪を受け入れてくださってありがとうございました。

○○さんは、私にとってかけがえのない友人です。

二度と悲しませることがないようにいたします。

お許しください。

白井由妃」

謝罪をしたその日のうちに一筆せんに先のような内容の文章をしたため、投函するといいでしょう。

くれぐれも言い訳はしないこと。謝った事実に念を押すつもりで、素直な気持ちをしたためるのがコツです。

メールやライン、電話での謝罪も選択肢かもしれませんが、対面での謝罪に勝るものはありません。

そして「機を見るは敏なり」、謝罪はスピードが命ということも忘れないでくださいね。

謝罪は、「声」と「手書き」で伝えるのがマイルールです。

「また会いたい人」になる、心に刺さる一筆せん

私は常に一筆せんを持ち歩いています。ビジネスでは「白地」、プライベートは「淡いピンク」の一筆せん、というように少なくとも2種類。

筆記具は美文字に見える「黒のジェルインクのボールペン」と、キーワードがある場合、その部分を際立たせる蛍光色のグリーンを常備しています。

誰かとお会いしたあと、封筒に入れ投函するのが主たる目的ではありません。別れ際にサッと書いてお渡しするのがほとんどです。

「えっ？　一筆せんは投函したり品物に添えたり、送るものではないの？」驚く方も多いでしょう。手紙とは普通、郵送するものであって手渡しするケースは稀《まれ》ですものね。

では直接、手紙を渡されたらどう思いますか？

胸が高鳴るのは、私だけではないでしょう。

「ラブレター？　重要な発表？　何だろう？」

ドキドキ、ワクワク、心臓の鼓動が相手に聞こえないかと、心配もします。

そうです。その期待感、胸の高鳴りを、私は一筆せんで活用しているのです。

面談を終えるや否や、一筆せんを取り出し、

「○○様へ

夢のような時間を、ありがとうございます。

2018年2月2日　　　　　　　白井由妃」

「○○様へ
いただいた知恵を必ず生かします。
2018年2月3日　白井由妃」

ほんのひと言、ポイントは面談の日付を明記することです。

手書きの文章を渡されて捨てることなど、普通はできません。さらに日付を入れれば、忙しい人であってもあなたとの出会いを、何をどう話したのかなど、一筆せんひとつで思い出すことができます。

次に出会う時に、一筆せんがネタとなり会話が弾むことが多いのです。

面談の後には、ほんのひと言、一筆せんにしたため渡す。

10年近く私は続けていますが、いまだに同様のことをする方がいないのでしょう。驚かれたり、感心されたり、喜ばれたり、照れたり。反応は上々です。

ある経営者は、

「臼井さんからもらったラブレターを大切にしているよ」

編集者は、

「痛いところを突きますよね、こんなことされたら臼井さんに好意を抱くでしょう」

「これもおやじ殺しですか？」

と、冗談を言う方もいらっしゃいます。

「ひと言添え」を別れ際に渡せば、忘れられない人になります。

「またお会いしましょう」「貴重なお時間を頂戴して感謝しております」と挨拶するだけでも十分と言えますが、誰もが気づかない別れ際の演出を、一筆せんに託してみてはいかがでしょうか？

経験則ですが、これまで以上に出会いが大きなチャンスに結び付く可能性が広がります。

column 初対面の方には「心に添うひと言」を書いて行こう

私は日ごろから、心に響く言葉や気になる表現があると、メモをしておきます。そして、それらの言葉を届けたいと思う人を想定して、一筆せんに綴ります。それはもはや習慣。書き出した一筆せんのストックが増えるのに比例するように、素早く的確に自分の思いを綴れるようになりました。それは初対面の方への準備の役割にもなっています。

私はお会いするのがわかっている方は、ホームページやSNSなどをチェックして、相手に相応しいひと言添えを持参していますが、情報が不足している場合には、ストックしてある「ひと言添え」から、誰もが心惹かれる、笑顔あふれる、テンションが上がるものを選択して、一筆せんにしたためます。

これまでお渡ししたひと言添えのなかでも、無難で喜ばれたのは、
「お会いできるのを、心待ちにしておりました」
「お会いできるのがうれしくて興奮。今日は寝不足です」

出会いの喜びを素直に表現したひと言添えです。
受け狙いは、見破られます。受け売りの言葉では、薄っぺらい印象を抱かせます。
言葉遣いや敬語など、日本語には決まりも多いですが、**まずは出会いを前にした率直な気持ちを1行書いてみましょう。**

あとは、相手のフルネーム（わからなければ「大切なあなたへ」でもいい）、あなたのフルネーム、日付を書けば終わりです。

「大切なあなたへ
お会いできるのを心待ちにしておりました。
臼井由妃」
2018年1月8日

どうですか？　思わず笑みがこぼれるでしょう。

第2章

好感度抜群の営業につなげるコツ

売り上げアップは、「たった1行」から始まった

「臼井さんを真似《まね》て、お客様へのお礼状を手書きで送っているのですが、全然効果がありません、なぜでしょうか？」

ある時、化粧品店を経営する友人から相談を受けました。

「どんなふうに書いているの？」

友人曰《いわ》く、アフターフォロー用の印刷したはがきがあり、そこに手書きで、

「先日はお買い上げいただきありがとうございました。またのご来店をお待ちしております」

と添えているとのこと。

「お客様の顔を思い浮かべながら、丁寧に、文字も綺麗に書いているのに」

それでは、お客様の心は動かないでしょう。

なぜかというと、

◎ありきたりの表現で印象に残らない　気配りができる人ならば、この程度のお礼状はしたためます。「先日はお買い上げいただきありがとうございました。またのご来店をお待ちしております」には、お客様の大半は、馴《な》れっこになっているのです。

◎接客した方の顔が見えない　接客した方ならば、商品購入に至るまでにどんな会話をしたのか？　お客様とのやりとりを知っています。しかし先の一文では、そうしたことを知らないお店のＤＭ担当の方が書いていると思われるほど味気ないのです。

◎特別扱いされている感がない　「先日はお買い上げいただきありがとうございました。またのご来店をお待ちしております」は、挨拶と感謝の言葉だけで、お客様にとってお得な情報や耳よりな話などがまったく含まれていません。

単なる挨拶状ならばそれでもいいでしょうが、来店を促したり紹介を願ったり、売り上げアップを狙うのならば、特別扱いされている感はお礼状には欠かせない要素です。

たとえば、

「ご購入いただきました化粧水を、たっぷりコットンに含ませパックとしてお使いいただきますと、よりお肌がしっとりします」

「先日お召しになっていたワンピースに、ピッタリの口紅が来月25日に発売になります」
「○○様には眉カットのサービスをさせていただきますので、お気軽にお立ち寄りくださ
い」
「特別なお客様だけに、限定品のメイクアップコフレをご案内しておりますので、ご都合
のよい時に遊びにいらしてくださいませ」
こんな一文を挨拶と感謝にプラスするのです。
私でしたら、挨拶と感謝の言葉も少し変えて、

「鈴木かおり様へ
先日はご購入ありがとうございました。接客をさせていただきました臼井由妃です。
○○のお使い心地はいかがでしょうか？　ご不明な点がございましたら、何なりとお申
しつけくださいね。
なお鈴木様には眉カットのサービスをさせていただきますので、お気軽にお立ち寄りく
ださいませ。

臼井由妃」

購入した商品を絡めた質問とお得な情報を加え、接客者を明確にします。

さらに言えば、「またのご来店をお待ちしております」などの表現は使わず、「お気軽にお立ち寄りくださいませ」とか「遊びにいらしてください」「またお会いできるのを心待ちにしております」に変えます。

接客をしていて何か盛り上がった会話があれば、「お話の続きを聞かせてくださいね」と添えることもします。

このようにすると、その人を指名してお客様から連絡や来店があります。

心を添えたお礼状のおかげで、次の来店をスムーズに促せるのです。

「なるほど、そういうことなんですね」

友人は腑に落ちたのでしょう。

すぐにお礼状のスタイルを、お得情報や耳寄りな話、接客者の氏名を盛り込んだものに変えました。ひと言添えの締めは私の口ぐせでもある「またお会いできるのを心待ちにしています」とのこと。

今では、リピートのお客様や紹介のお客様でお店は賑《にぎ》わいをみせています。

営業、販促に使える一筆せん～好感を持たれるひと言～

営業や販売に従事し、常にトップクラスの成績を上げている方は、セールストークやPR文章の名手というだけではありません。

その方自身が、「相談したくなる人」「話がしたくなる人」「顔が見たいと思える人」なのです。

そこには、「また会いたくなる仕掛け」が必ず存在します。

仕掛けというと、戦略的で機械的、そこに情感はないような気がしますが、彼らが施す仕掛けは相手を笑顔にさせたり、心を躍らせたり、爽快な気持ちにさせる。

言葉の「おもてなし」とも言えるものです。

お会いした方には、顔を思い出させ、お会いしていない方には「どんな人だろう？　会いたいな」と想像させる「ひと言」を、彼らは忘れません。

そんなニュアンスを込めて、営業や販促でお会いする方、お世話になった方、紹介をお願いしたい方、お客様はもちろんこれからお客様になる可能性があるすべての方に、ちょっとしたひと言を、一筆せんやメールに添えています。

こう言うと、高度なテクニックのように思うかもしれませんが、文末の工夫をするだけで十分、あなたの印象を高めることができます。

たとえば、ビジネス文章によく見受けられる「今後ともよろしくお願いいたします」や「ご自愛くださいませ」。

悪くはありませんが、それで印象に残る、好感を持たれるまでには至らないでしょう。

そこで、ひと工夫。

「今後ともよろしくお願いいたします」や「ご自愛くださいませ」の前か後に、一行加えます。

◎営業や販促でお世話になった方、お会いした方には

〇〇様と一緒に仕事ができると思うと、胸が高鳴ります。
今後ともよろしくお願いいたします。

ご自愛くださいませ。

〇〇様の笑顔に癒されている臼井由妃より

桜前線が東京にやってくる頃には、本プロジェクトも花が咲きますね。

今後ともよろしくお願いいたします。

◎お会いしたことがない方には

いつかお目にかかれることを夢見ています。

ご自愛くださいませ。

今後ともよろしくお願いいたします。

お会いしてそうお伝えしたいです。

お会いできる日を、心待ちにしております。

ご自愛くださいませ。

どうでしょうか？

媚《こび》を売るのでもお世辞でもなく、思いが伝わるのではありませんか？

読み終わった後に、心の中で「○○さんは、そんなふうに思っているのか……」と、まるで会話をしているような気持ちになる。文末には、そんな仕掛けをしています。

こうすると、お会いした方からはお礼の電話を即いただいたり、お客様を紹介していただいたり。再会まで時間が経っても、すんなり会話ができます。

PR文章の基本は「一筆せん」にある

PR文章を書くことが求められるのは、広告や宣伝、営業、販売など特別なセクションで働く人ばかりではありません。

事務職の方が案内状を書いたり、商店主が手づくりのPOPを書く。転職や昇進試験の際に、自分のセールスポイントを簡潔に書くのも、PR文章と言えます。そうしてみると、私たちは何らかの形でPR文章に関わっています。

そしてうれしいことに、「一筆せん」を書くのが習慣となると、PR文章もうまくなっていきます。

一筆せんでは、「**読みやすさ、わかりやすさ、インパクトの大きさ**」などが求められます。それはPR文章に通じるものだからです。

書くことに苦手意識を持ちながら一筆せんを書き始めた人も、10通も書けば変わってきます。相手の笑顔や感動する様子に感激して、書く楽しみを感じるようになり、メールや連絡メモ、企画書や稟議書などのビジネス文章まで、わかりやすいものが書けるようになるのです。自然と文章作成能力がアップしていきます。

もちろん、会社の威信をかけて取り組むようなプロジェクトの場合は、プロの手にゆだねることになるでしょうが、「こんなイメージでPRしたい」という視点がある人とない人では、評価が変わってきます。

PR文章のポイントは

- **インパクトが強い**

意外性や物珍しさ、納得、共感、驚きなど、心が動くものであること。

- **伝えたいことは少なめ**

あれこれ盛り込むのは、あれもこれも伝わりません。

記号や会話も取り入れる

「?」「!」「何?」「えっ?」「そうだ!」など。

これらを踏まえて、まずは伝えたいことを、盛り込んだ文章をご覧ください。

手軽にもう一品を食卓に増やしたいという忙しいあなたには、○○がピッタリ。今ならモニター価格で購入可能です。

時短! 美味しい! モニター価格実施中○○(商品名)

どうでしょうか? 収まりがいいでしょう。このほうが覚えやすく、インパクトもあると思います。

言葉を絞り込んだほうが、一つひとつの言葉が生きてくるのです。一筆せんを書くのが習慣になると、あなたも気づきますよ。

お客様を増やす案内状こそ「一筆せん」を

プライベートの印刷物や人事異動や転勤の案内では、手書きのひと言を添える人がいても、大勢に出す会合やパーティーの案内状では、公私の別なく、そうした人を探すのは難しいと言えます。

仮に私あてにひと言添えても、案内状の封をする段階で、別の方あての封筒に入るかもしれません。臼井由妃あてに「艶やかなドレス姿、期待しています」などと、パーティーの案内状にひと言添えたものが、年配の男性経営者の元に届く可能性もあるのです。流れ作業のように、印刷物に宛名のラベルを貼る状況では、こうした事態は想像できます。ですから、ひと言添えることができないのもうなずけます。

しかし、足しげく来店してくださるお客様や高額商品を購入してくださるお客様にも、同じように考えるのは合点がいきません。

お店にとっては大勢いるお客様の一人かもしれませんが、そうした方は「優良顧客」という自負があるはずです。自分は特別な存在として、大切に扱われるはずだと思うのが自然でしょう。

その思いに応えずして、売り上げアップなど見込めるはずもありません。

宛名ラベルや案内状の中身そのものは印刷物であっても、手書きのひと言は欲しいですね。そうでないと、せっかくの催しが味気なく感じてしまいますし、

「調子いいことを言って、お金を使わせているだけ」

「たいして相手にされていないのだ」

そんなふうにとらえ、時間をやりくりして出かけることなど、躊躇《ちゅうちょ》してしまうでしょう。

手書きのひと言添えがないために、お客様の足は遠のく。

手書きのひと言添えがあれば、お客様の足が向く。

想像してみてください。手書きで、

「臼井様がお好きなマゼンタピンクのバッグが入荷しました、遊びにいらしてください」

「臼井様ならば着こなせると思います、この○○を」

などとあれば、「その気にさせるのがうまいな」と思いながらも、足が向くでしょう。

ひと言あるかないかで、会社や店舗の売り上げが変わってくる。

私の周囲では、「手書きでひと言添え」が、鉄則のようになりました。

多忙を極める人ほど、必ずと言っていいほど「手書きでひと言」を忘れません。

すると受け取った相手は「あんなに忙しいのに私のために……」と、ひと手間かけてくれた「おもてなしの心」がうれしくて、ますますその人のファンになります。

ひと言の魅力には、誰もが弱い。

これまで手書きでひと言添えをなさってきた方は続けて欲しい。そうでない方もトライしてくださいね。きっとひと言添えの魅力にハマるでしょう。

紹介が紹介を呼ぶ「キラーワード」とは

商品の購入を迷っているお客様に、

「騙《だま》されたと思って使ってみてください」

「私を信じてご購入ください、損はさせません」

などと言う方がいます。あるいは、

「今、購入しないと後悔しますよ」

「賢明な方ならば購入するでしょう」

と言う人もいますが、これは脅しですよね。時には、

「助けると思って」

「お決めいただかないと、私は首になります」

泣き落としで迫ってくる人もいますが、それで「わかりました」と、イエスの意思表示をする人は稀でしょう。


よほど人がいいのか、おかしな人間に時間を奪われるのが嫌で、あきらめの境地で従っているだけです。

それに納得をして購入しているわけではありませんから、商品の使い心地が悪かったり相手が言うような効果を得られなかったら、その不平不満は「衝動買い」をした後悔の念

に苛《さいな》まれる比ではありません。「嘘つき」「騙された」と思うでしょう。

お客様を落とすために「殺し文句」を言ったつもりが、不信感や嫌悪感を与え、あなた自身を「殺す文句」になりかねないのです。

殺し文句＝キラーワードとは、説得する言葉ではありません。

相手が思わず納得する。自ら好んであなたが意図する方向を選ぶ。

そんな道筋をつくる言葉です。

キラーワードとしてふさわしい条件は、

●相手の趣味や趣向に関する情報　カラオケ好きな方には最新機種を備えたお店の情報や、堂々と見える歌い方など。

●仕事に関係する情報　相手の仕事に役立つと思われるニュースや、その道のプロの話など。

あなたがそれらに興味がなくても、好みの話題でなくても、相手のことを大切に思っていれば、そういう情報を調べ伝えたいと思うでしょう。

そうは言っても、知り合いから紹介を受けた方やあまり交流のない方には、どう伝えたらいいのか困ってしまいますね。

そこで生きてくるのが、**最新のニュースや季節、気候などをキーワードにする**方法です。たとえば、

「○○のニュースでもちきりですね。これは業界活性の切り札になると信じています」

（好ましいニュースをキーワードにする）

「紅葉の季節に映えるコートが入荷しました。○○様のお目に留まればうれしいのですが」

（紅葉をキーワードに商品を絡める）

「コンビニおでんが売れているようですが、私にとっての『おでん』は貴社の○○です」

（コンビニおでんをキーワードに、相手の商品をさりげなくほめる）

このように要となる言葉を決め、短く伝えます。

さらに豊かさ、驚き、ユニークさ、笑顔、あたたかさ、やさしさなどが1行から感じられたら、間違いなく相手の心をとらえます。これらは特別な言葉ではありませんが「キラーワード」です。

このキラーワードをさりげなく使うことで、あなたは印象に残る人や関心を集める人になれるのです。

お客様に好かれ、紹介が紹介を呼ぶ、仕事が仕事を導くような人は、こうした心が感じられる「ひと言」を忘れません。


「そんな簡単なことで、仕事が増えるなんて信じられない」

「本当？　でもやってみようかな」

はじめはそれでかまいません。でも続けるほどに、その威力に驚かされます。

感謝の念を200％伝える一筆せんのコツ

ここで「サンドイッチ」をイメージしてください。

いきなり何を言うのだろうと驚いた皆さん、失礼しました。サンドイッチの話をしたのには理由があります。一筆せんを使った手紙は、まさにサンドイッチだからです。

たとえば感謝の念を伝える3行の一筆せんでしたら、

「**1行目　パン（挨拶）**
2行目　具材（感謝の言葉や感想など）
3行目　パン（挨拶）」

挨拶で感謝の言葉をはさむパターンです。

パンそのものは、淡白で際立った個性はありません。むしろ個性は抑え目なぐらいがいいのです。

一方、具材のバリエーションは無限です。選び方次第で、ひとつで満足のボリュームサンドにも、アフタヌーンティーを彩るデザートサンドにもなります。余韻が染みる文章にするのも、事務的に伝える連絡文になるのも、具材次第というわけです。

次の文章をご覧ください。

「このたびは、結構なお品をお送りいただき、誠にありがとうございます。（挨拶）
家族一同、喜んでおります。（感謝の言葉）

取り急ぎお礼まで申し上げます。（挨拶）」
よく目にするパターンですね。パンである挨拶も具材である感謝の言葉もありきたりで面白みがないイメージを抱きませんか？　肝心な「感謝の言葉」も生きてきません。

そこで感謝の言葉を、笑顔を誘う表現に変えてみます。
「このたびは、結構なお品をお送りいただき、誠にありがとうございます。（挨拶）
あまりの美味しさにビックリ！　ひっくり返りそうになりました。（感謝の言葉）
取り急ぎお礼まで申し上げます。（挨拶）」

家族の情景が浮かぶ表現では、
「このたびは、結構なお品をお送りいただき、誠にありがとうございます。（挨拶）
家族で奪い合いになる美味しいクッキーでした。（感謝の言葉）
取り急ぎお礼まで申し上げます。（挨拶）」

余韻が染みてくる表現では、

「このたびは、結構なお品をお送りいただき、誠にありがとうございます。（挨拶）
ひと口いただくごとに、〇〇様の笑顔が浮かんできました。（感謝の言葉）
取り急ぎお礼まで申し上げます。（挨拶）」

いかがですか？　感謝の言葉やお礼は、電話やメールで済ますことが多い時代ですが、手書きの文章にはデジタルツールでは得られにくい「やさしさや、あたたかさ」があります。文字からにじみ出る個性も魅力的ですね。

3行ほどの簡単な一筆せんでも、十分気持ちは伝わります。メールや電話でお礼を言われるよりも、受け取る側の喜びは倍増するでしょう。

2行目の具材をアレンジするだけでも、いいのです。
難しく考えずに、サンドイッチ方式で、感謝の念やあなたの思いを伝えてくださいね。

column　10年経っても印象に残る感謝文

「ご無沙汰しております、○○です。

臼井さんのご活躍をまぶしく拝見しておりました。

弊社の○○に、寄稿をお願いできないでしょうか？」

それは10年以上も前に仕事をしてから、お会いしていなかった編集者さんからのメールでした。メールアドレスは、当時と変わらないとは言っても、一度だけ仕事をした私のことを思い出してくれた、気にかけてくれていたのだと思うと、返信メールを打つよりも前に、電話に手が伸びました。

「こんにちは、臼井由妃です。ありがとう！　お声がけしてくださって……」

声も弾みます。その声につられるように、

「うわぁ～臼井さん、声……変わらないですね」

「顔は変わったけどね（笑）」

「ところで、なぜ私にこの仕事をくださったの？」

「なぜ？　これは臼井さんしかできないと思ったから」

「私にしかできない？」

「そう……それにあのフレーズが頭から離れなかったから」

それは12年前のこと。1冊、著作をさせていただいた私は、たあいないおしゃべりの延長戦のようなお礼状を、彼女に出したのです。

「金なしコネなし経験なし社長で売ってきた臼井由妃。

これからは、軽快、爽快、大正解の仕事をしていきます。

私のことを忘れないでくださったらうれしいなあ。

ＰＳ　○○さんの笑顔に執筆もはかどりました」

「軽快、爽快、大正解なんて、面白い韻を踏んでいたから、覚えちゃったのよ」

受け狙いでも人気取りでもなく、彼女との仕事が楽しかったから素直な思いを書いた私。

等身大の一文だったから、彼女の脳裏に焼き付いていたのですね。


心からの言葉は、時を超える。

心からの言葉は、色あせないのです。

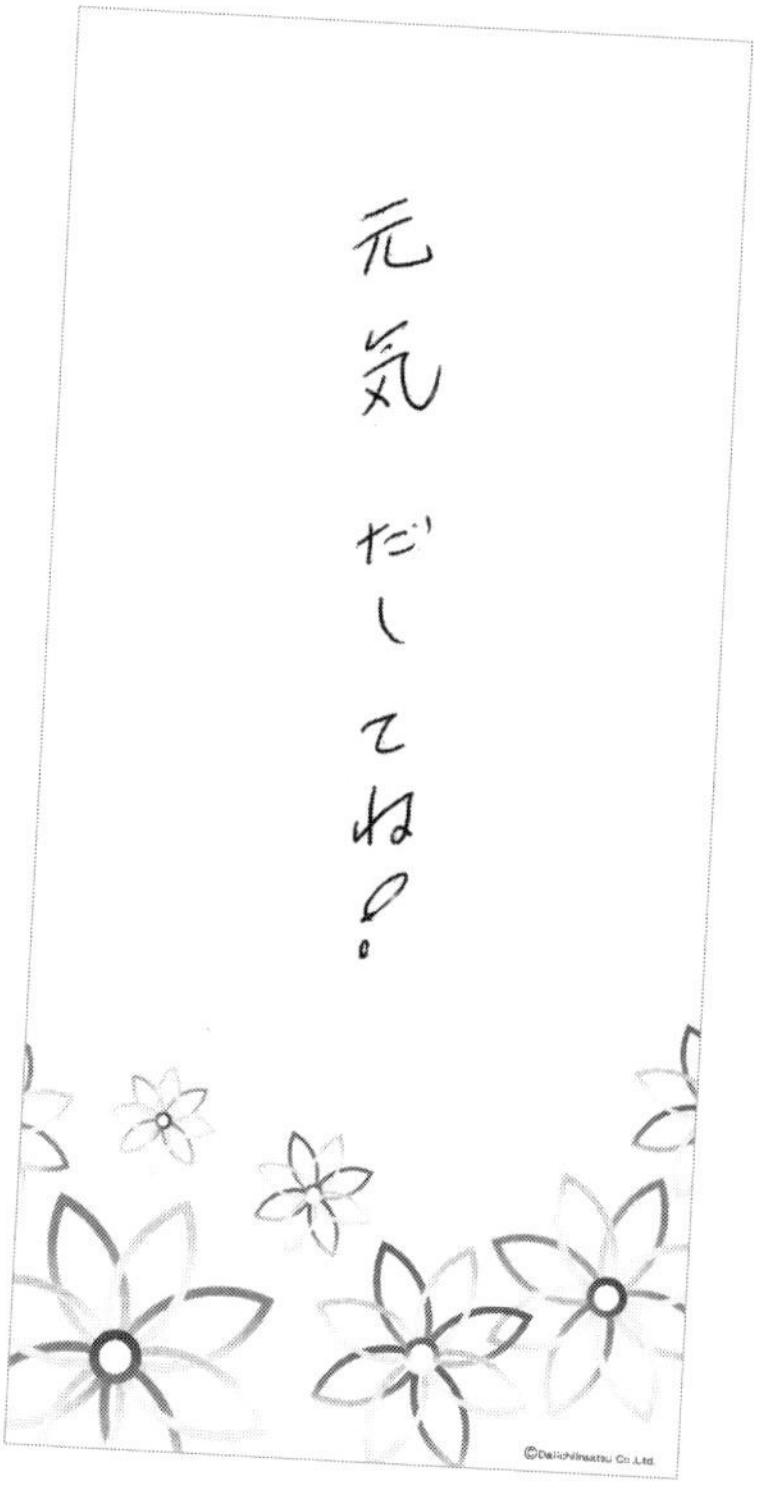
元気だしてね♪
©Daiichiinsatsu Co.,Ltd.

第3章

職場の人間関係がよくなるコツ

不在時の電話は「一筆せんメモ」で明瞭に伝える

ひと言添えや気の利いた一文が、相手の心をとらえるのは一筆せんに限ったことではありません。伝言やメモ、走り書きであっても、ひと言添えるかどうかで、業務がスムーズに進むだけでなく、あなたの人柄や能力をさりげなくアピールすることもできます。

特に**社内で頻繁に使う「伝言メモ」に「一筆せん」の要素を取り入れると、素早く明確に心地よく相手に伝わります。**

それは**一筆せんに必要とされる3つの要素**が、伝言メモにも当てはまるからです。

伝言メモは、

●短くわかりやすい文章である

修飾語や時候の挨拶、曖昧な表現などはいりません。

●できる限り具体的に書く

数字で表現できる量や大きさ、期日などは、明記しましょう。

●メモを書いた人の名まえ、時間、相手のフルネーム、社名を書く

相手の名まえや会社名は、必ずフルネームで書きましょう。株式会社○○を、○○株式会社と間違えないように。誤った認識を持ってしまうと、何かの折に相手に伝えかねないので注意が必要です。

場合によっては、

●伝言する相手に向けた労《ねぎら》いの言葉を添える

お疲れさまです、お先に失礼させていただきます、先方が○○部長の仕事ぶりを称賛していました、などと書くのもいいですね。

さらに、にじまず読みやすい筆記具、黒のボールペンを選ぶといいでしょう。

ここで例文を提示しますので、比べてくださいね。

［例1］

「白井部長へ
田中商事から、新商品について問い合わせがありました。
連絡をくださいとのことです」

［例2］

「白井部長へ

田中商事の川上茂治部長様から電話あり。

新商品の納入価格について、急ぎで交渉したいとのこと。

20時まで会社におられるので、『帰社次第、連絡を』との伝言です。

18時12分　佐藤由美　受付

雨のなか、お疲れさまでした。お先に失礼します」

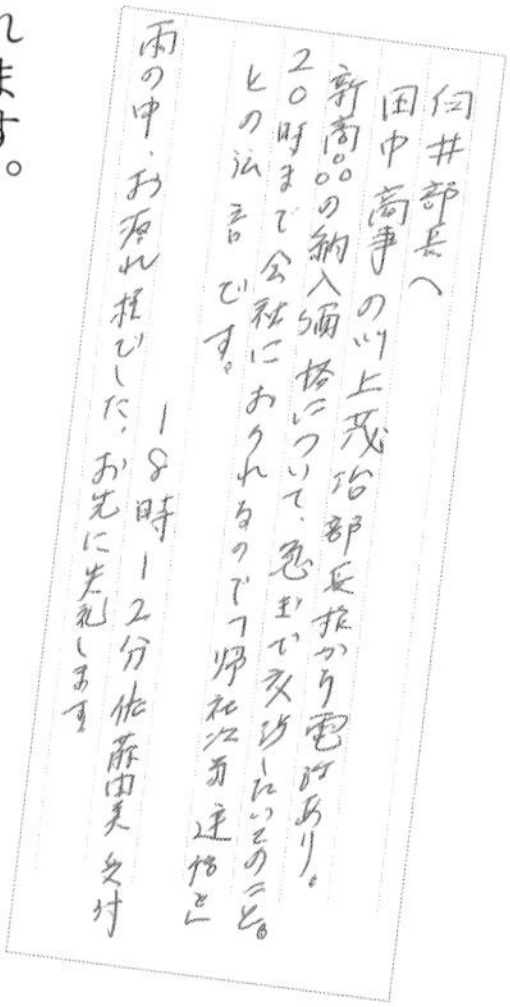
白井部長へ
田中商事の川上茂治部長様から電話あり。
新商品の納入価格について、急ぎで交渉したいとのこと。
20時まで会社におられるので「帰社次第連絡を」
との伝言です。
18時12分 佐藤由美 受付
雨の中、お疲れ様でした。お先に失礼します

例1では、明日電話すればいいのかとも、受け取れます。

一方、例2では、緊急の用件だとわかります。

さらに言えば、例1では誰からのどんな内容の連絡なのかが、まったくわかりません。

書いた主もわからないですから、対処に困ってしまいますね。

もしこれがクレーム処理や一刻を争う事案でしたら、会社にとってどれほどのダメージを与えるか、怖くなります。

伝言メモをおろそかにしては、余分な作業や心配も生まれます。そんな事態を防ぐためにも、一筆せんのスタイルを参考に、メモを書くようにするといいでしょう。「伝言メモ」というよりも「一筆せんメモ」という意識を持つと、伝えるべきことが明確になり、時間も労力も最小限で伝わるメモになります。

一筆せんを活用して、言いにくいことを切り出す

依頼や相談などお願いごとは、相手をその気にさせ、引き受けたくならなければ、「ゴリ押し」です。あなたの立場が上ならば、権力を笠《かさ》に着ての無理難題を押しつけることにもなります。

私が言いにくいことを伝える際、基本は口頭です。口頭ならば相手の目を見て話ができ、こちらの真意が伝わりますし、相手が渋々引き受けているのか納得しての承認なのかがわ

かりますから。

しかし、遠方にいる方や面談の時間がいただけない方などには、口頭以外の方法で伝えなくてはなりません。


そう言うとあなたがイメージするのは、メールか電話ではありませんか？　確かに電話ならば相手の口調や声のトーンを探りながら、絶妙なタイミングで言いにくいことを切り出すこともできるでしょう。

しかし相手は外出前で急いでいるかもしれませんし、たあいない会話をするつもりで電話を受けたのかもしれません。相手の状況は想像できても、確信はできないものです。

また言いにくいことをお願いするのは、自分本位。メリットがあるのは自分であって、相手には歓迎できない場合も多いものです。

ですから、口頭であろうと電話であろうと、

「折り入ってお願いがあるのだけれど」

「○○さんを見込んで頼みたいのだけれど」

こうした類の発言が出た途端に、

「面倒なことになりそうだ」
「いいことではないはずだ」
と相手は構えてしまうもの。

言いにくいことを切り出す際には、口頭でも電話や文章でも、このあたりの心理を理解して、お願いする必要があるのです。

そんなシチュエーションで私が頼りにしているのが、「一筆せん」です。「一筆せん」ならば明快かつ簡潔に、相手にあなたが意図するような行動をとるように伝えることができます。

その際のポイントは

1　否定文は慎む　間違いなく敬遠されます。
2　強い硬い表現は避ける　傲慢な印象を与えます。
3　暗いイメージの言葉は避ける　読む気持ちが失せます。
4　回りくどい表現はやめる　いかにも言いにくいことを切り出すと誇張するだけです。
5　命令調はタブー　社会的立場があなたのほうが上であろうと、反発を買うだけです。

次をお読みください。

明日、早朝ミーティングあり。

営業部全員、午前7時出社のこと。

命令口調で有無を言わせない印象を抱き、「冗談じゃないよ」と思うでしょう。

では、ポイントをおさえながら書き換えてみます。

明日、早朝ミーティングを行います。

建設的な意見を期待しておりますので

午前7時には出社してください。

印象が一変するのではありませんか。簡潔で丁寧な文章に同意も得やすいでしょう。

ビジネスシーンで言い出しにくいことを切り出す際、最も慎むべきことは、「回りくどさ」です。あなたは丁寧に伝えようと言葉を選んでいても、相手にとっては「時間稼ぎ」にしか映りません。

言い出しにくいことを切り出す時ほど、一筆せんを使い軽快に爽快に伝えましょう。相手は思わず「イエス」とうなずくに違いありません。

一筆せんは、「間接ほめ」の切り札になる

上司から突然「企画書のできがいい、腕を上げたな」とほめられたら、あなたはどう思いますか？ 誰しもうれしいのは間違いありませんが、お世辞かお愛想と受け取る人、持ち上げておいて、厄介な仕事を頼まれるのではないのかと警戒する人もいるでしょう。

ほめるのもほめられるのも慣れていない者同士では、思いがうまく伝わらず、時に人間関係がぎくしゃくすることがあります。

こうしたトラブルを防ぎ、ほめる、ほめられる＝「ホメニケーション」を円滑にするには、一筆せんを使った「間接ほめ」をおすすめします。

間接ほめとは、「○○常務が田中部長のことをマネージメント能力が優れているとほめていました」といった、第三者を介してほめる方法です。

それがつくり話では論外ですが、事実ならばどんどん「間接ほめ」をするべきです。

「間接ほめ」には、それを伝える人も同様にほめているというニュアンスが含まれ、ほめ

られた感が倍増します。

また、信頼できる第三者を登場させればより信憑《しんぴょう》性も高まるうえに、「一筆せん」に記した文章は何度も読み返すことができ、そのたびに感激や感動を得ることができます。

「間接ほめ」を受けて、「もっと努力をしよう」とやる気に火がつくだけでなく、「口にはしないけれど、○○さん（第三者）は気にかけてくれている」と、周囲への感謝の念も増します。

ほめる人もほめられる人も第三者にも、幸せを呼ぶのが「一筆せん」を使った「間接ほめ」なのです。


佐藤さんは、笑顔が素敵だと○○さんが言っておりました　↓　私もそう思っています。

田村さんは、決断力があると○○部長がほめていました　↓　私も同感です。

どうですか？「間接ほめ」のスタイルにするだけで、↓のような気持ちまで伝わるでしょう。
ちなみに**一筆せんでのほめポイントは、ひとつにしましょう。**

「努力家で勉強熱心で気配りができる美人」というようなほめ言葉の山盛りは、間接ほめのスタイルを使っても胡散臭《うさんくさ》い印象がぬぐえませんから、注意が必要です。

男性は永遠の青年、おじさん扱いの情報は加えないのがルール

男性は素直で単純で愛らしい生き物です。あなたの彼やご主人を「できる男」にしたいのならば、「一筆せんほめ」を習慣にして、自信を蓄積させましょう。

たとえば深夜、取引先との接待で疲労困憊《ひろうこんぱい》して帰宅したご主人に、

「あなたのがんばりは、私が一番わかっています」

「よっ！　日本一、エールを毎日贈っています」

「あなたと結婚できたのが、私の人生、最高のサプライズです」

「だんだんいい顔になってきたね」

「あなたは唯一無二の能力の持ち主です」

「年齢を増すごとに〝いい男〟になってきた、私が太鼓判を押します」

「知り合ったころよりも、今のあなたが好き」

なんて、彼にあてたほめ言葉を一筆せんに記し、リビングやダイニングテーブルの上に置いておく。すると目にした彼は、「冗談言うなよ」なんて思いつつも、「一筆せん」を何度も読み返しニンマリ。

「そうかな？」「そうかもしれない」「きっとそうだ」。疑問が確信に変わるのに時間はかかりません。


社会的な地位や職責、年齢が高くなると、ほめられることは少なくなります。部下や後輩をほめる立場になるのが普通でしょう。

でも何歳になってもどんなに上のポストになっても、ほめられたい。

人はほめられて成長するのです。

それに、男性は女性よりもピュア。ほめられ続けたら、そのように変化、進化していくのです。

逆に言えば、

「いい歳なんだから、○○したらおかしい」

「もう若くないのだから、無理は通らない」

「若いと思っていても、体は正直よ」

「白髪が目立ってきたわね」

なんて、**おじさん扱いの情報は、冗談でも加えないのがルール**です。ピュアな男性は、言葉通りに受け取り、落ち込むからです。

うれしい、楽しい、ありがたい、テンションが上がる……彼の心をプラスの気持ちで満たしてあげましょう。

あなたの愛あるひと言があれば、彼は天井知らずに伸びていきます。あなたの幸せも、無限に広がります。

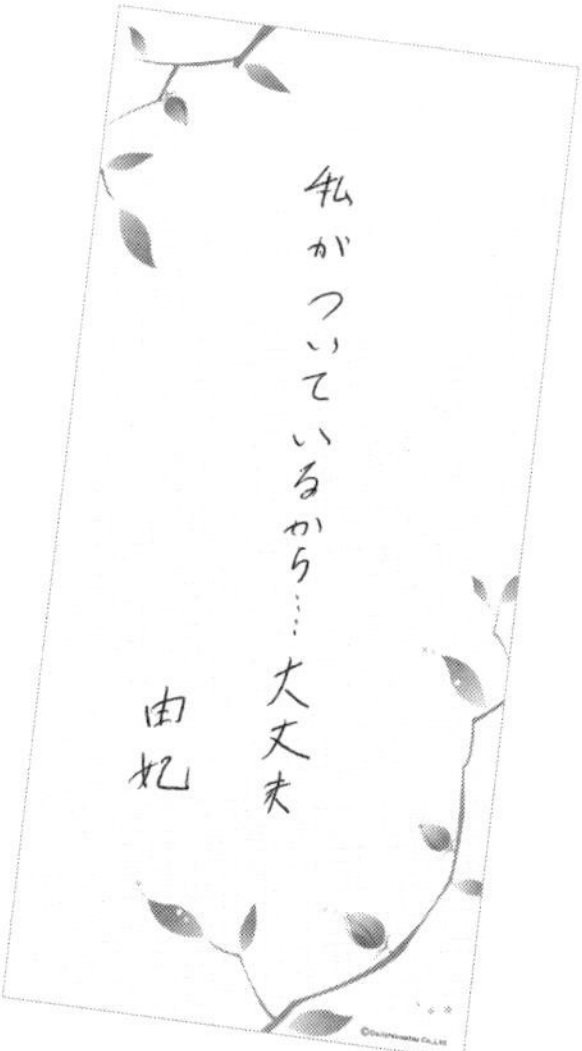

プレゼンテーション成功のカギは「根回しの一筆せん」

「根回し」は、会議や商談、プレゼンテーションなどの場だけでなく、業務を円滑に進めていくうえで重要なプロセスです。

根回しなしでプレゼンテーションをしたり、事業を改善しようと考えるのはナンセンス。もちろん根回しなしで上層部の理解を得て、プレゼンテーションを勝ち取るケースもありますが、成功の確率は著しく低くなります。

どうしてもその案件を成功させたいなら、事前に準備を進めるのは自然なことです。

根回しというと、ネガティブなイメージを持つ人も多い。特に女性は、根回しをすることに罪悪感を抱いていたり、その方法を知らないために避ける傾向が見られます。

しかし根回しはネガティブなものではありませんし、必要悪でもありません。私は「**仕事を円滑に進めていくうえで不可欠なコミュニケーションスキル**」だととらえています。

根回しで最も大切なことは、相手の立場に立って物事を考えることです。

プレゼンテーションを成功させようと考えると、誰しも、

「こんなにメリットがあります」

「こんなに素晴らしい未来が約束されます」

というように、相手に説得材料を示す。ほとんどの人がメリットは披露しても、デメリットは隠そうとします。しかし、物事には当然デメリットがあります。

そこで、私は自分が提案することが、どのようなデメリットを生むのか？ そのデメリットをどうやったら解消できるのかを考えたうえで、相手に損のない話として理解してもらい、賛同してもらうことに努めています。

デメリットをあえて伝えることで正直な印象を与え、解消策を提示することで安心感や信頼感を演出しているのです。

こうした策を講じる人はまだ少数派だからこそ、上層部や決定権のある人から、目をかけてもらい、プレゼンテーションの成功率は8割を超えます。

その際、活用しているのが「一筆せん」です。たとえばプレゼンテーションを行う前日

までに、社内ならば偶然を装いながら上層部に、
「○日のプレゼンテーションでは、衝撃が走る案件を提案します。
時期尚早で承認できないとおっしゃるかもしれませんが、秘策を準備しています」
「そんな案件は、会社の方針とは合致しないと言われることをあえて提案します。
リスクも超えるメリットを、当日は詳細にお話しさせていただきます」
というような文章を「一筆せん」に綴り、手渡します。

社外の方ならば郵送で、プレゼンテーションの前日までに届くように、
「貴社の立場で考えた、最高の案件を準備しております。
デメリットは○○ですが、△△で容易に解消できます。
お伝えできるのを楽しみにしております」

「私が貴社の担当者だったら、どう考えるか？
デメリットも明らかにして欲しいはずです。

プレゼンテーションでは、メリットばかりを伝えません」
というような文章を「一筆せん」にしたためます。

私にとって「一筆せんを使った根回し」は決意表明であり、「相手への思いやりの行為」に他なりません。

ただ自分の言いたいことを伝えれば、賛同が得られるものではないのです。相手の気持ちや立場を考えたうえで、行動することが大切なのは、プレゼンテーションに限りません。

失敗した部下を、たちまち元気にする「ひと言」

友人や仕事仲間、部下などに「励ましの言葉」を送りたいと思うことはありませんか？
何とかして勇気づけたい、力になりたいと純粋に思う。
その思いを、ひと言に込めて送る……。
しかしいざ書こうとすると、頭を抱えてしまう。
激励文の目的は相手を元気づける、明日に希望を与える、やる気が満ちてくる……などですが、「大変だったね」「大丈夫？」「運が悪かっただけ」と同情しているだけでは、相手は上から見下ろされているようで、嫌なものです。

また相手の状況を無視した能天気な対応では、勇気づけるどころか落ち込ませることにもなりかねません。

ことに相手が部下の場合には

1　相手の立場になって書く

浮ついた励ましの言葉よりも、現実に即した言葉を選びましょう。辛《つら》い、苦しい、悲しい、大変だ……と認めるべきです。

2　問題解決の具体例を明示する

自分の場合はこういう方法で、困難や課題を乗り越えてきた、あるいは、相手が納得できるような知人や友人などの例を明示するのもいいでしょう。

相手が欲しいのは、同情や哀れみではなく、現状を打破するための知恵や情報です。

次の文章をご覧ください。

「取引先の○○から不渡り手形をつかまされたって、くよくよするなよ。

ビジネスではよくあることだ、元気を出して！」


あなたが同様の立場に立ったとして、上司からこんな「ひと言」を受け取ったらどう思いますか？


「自分のことを考えてくれているような顔をして、しょせん他人事なのだ」

「ずいぶん無責任な物言いだ、私の失敗を笑っているのではないのか？」

「激励しているつもり？　そんなの、いりません」

と、とらえるのではありませんか？


それでは次をご覧ください。

「不渡り手形を受け取ったことは、あなたの注意不足です。

力を落とすのは、仕方がありません。

だからといって、仕事への情熱を失わないで欲しい。

私も38歳の時に、あなたと同じミスをして会社に多大な損失を与えてしまった。

それを挽回《ばんかい》しようと、これまで必死で仕事をしてきました。

努力家の○○さんならば、私など比べようもないくらい、いい仕事で挽回できます」


相手の立場を考え心に寄り添い、具体的な知恵を書いた文章ならば、力になります。特に最後の一文である、「努力家の○○さんならば、私など比べようもないくらい、いい仕事で挽回できます」を目にして、勇気がわかない人などいないでしょう。

上司の心遣いに感謝し、明日へ向かう活力がみなぎってきます。

落ち込んでいる同僚を、さりげなくなぐさめる「ひと言」

やることなすこと失敗する、喜んでもらえると思って行ったことが裏目に出る、そんな時は誰だって落ち込みます。

それを悟られるのが嫌で、

「ぜんぜん気にしていない」

「大丈夫よ、私は不死身」

なんて強がってはみたものの、心では泣いている。

私自身、主人が遺した3億円もの負債や取引先の倒産、社員の造反と、これまで何度も痛い目に遭ってきました。そのたびに「こんなはずではない」「なぜ私にばかり困難が立ちはだかるの?」と思い悩みました。


しかし、あなたがどんなに有能で注意深い人であっても、自力では防げないトラブルやミスは人生にはついて回るもの。落ち込んで歩みを止めていたら、素晴らしい仕事や尊敬できる人に出会うチャンスも遠のきます。

ですから、落ち込みは、最小限にして、最短で回復したい。自分はもちろん同僚や部下も常にベストな状態で仕事をして、結果を出す。それが会社の隆盛につながり、あなたや同僚、部下に恩恵をもたらすことにもなります。

落ち込んでいる周囲の人を見かけたら、さりげなくなぐさめの言葉をかける。

上から目線でも下から目線でもなく、相手の心に寄り添ったひと言をかけたいですね。

落ち込んでいる人が望んでいるのは、「大丈夫だよ」「心配するなよ」というような「定番のなぐさめの言葉」ではありません。

かといって「これぐらいのことで落ち込むなんて、お前らしくないぞ」とか、「湿っぽい顔してどうしたの？」なんて言うのは無責任。傷ついた心に、土足で上がり込むようなものでしょう。

欲しいのは、ちょっぴりの癒し。明日に希望を見出せるような「ひと言」がいいのです。

私でしたら、「一緒に乗り越えていこうよ」「私がそばにいるから……」などと、寄り添うひと言や「私、○○さんの救世主になれるかもしれないよ」「こう見えて役に立つから」と、深刻さを和らげるひと言を伝えるでしょう。

こういう時に、あれこれ言うのは心の琴線《きんせん》を知らない人です。

ゆっくりかみしめるようにひと言、相手の目を見ながら伝える。それで十分です。

「自分には味方がいる」

そう受け取ることができれば、落ち込んでいる相手も立ち直ります。

column 義理チョコにだって添えたい「バレンタインデー・フレーズ」

2月の声を聞くと、老いも若きも女性は胸をときめかせるものです。そう、2月14日は意中の彼にチョコレートを携えて、愛を告白する「バレンタインデー」。素知らぬ顔をしながらも、男性は期待を膨らませている日。

それが本来の「バレンタインデー」のスタイルですが、最近は日ごろお世話になっている上司や同僚、取引先の方などに感謝を込めて「義理チョコ」を贈る人も増えてきました。

愛には、ラブだけでなく「敬愛」や「親愛」「博愛」「情愛」など、さまざまなニュアンスがあります。義理チョコとはいってもそこには、必ずこうした愛が存在します。

だから言葉の節約はしないで、「愛あるひと言」を添えましょう。

ひと言もなく渡せば文字通りの「義理チョコ」、ひと言添えれば「思いのチョコ」、心をトリコにするギフトになります。

「チョコっとではなく、たくさんの感謝をこめて」

「義理と人情がわかる貴男《あなた》が好きです」

「先輩がいるからがんばれます」

「義理ではなく感謝のチョコレートです」

「いつも甘えてばかりで、ごめんね、ありがとう」

「甘いもの嫌いだってわかっているけれど、1年に1回はいいよね」

「感謝＋尊敬＋思いやり＝○○さん、いつも支えてくれてありがとうございます」

「最高の男友だちって言ったら怒るかな？」

「○○部長の背中から学ばせていただいています」

「ラブは壊れるけれど、友情は永遠です」


私はこんなふうにひと言、一筆せんやメモ、付せんなどに綴り、チョコレートに添えています。そして「本命チョコには、とっておきの愛の言葉を」と言いたいところですが、いまだ相手は見つからず、妄想の世界で「ラブラブなひと言」を綴っています。

第4章

大切な人の心に寄り添うコツ

近況報告は「ひらがな」の挨拶1行と「PS」が決めて

一筆せんは長くても5行程度の文章量です。

求められるのは、わかりやすく読みやすいこと。形にとらわれるよりも、素直に肩の力を抜いて書く気軽さがあります。それは**「等身大のあなたを見せるツール」**としての役割も担います。

書き出しに親しみやすさや、やさしさ、インパクト、おしゃれ心をのぞかせれば、相手は一気にあなたの世界に入りこむ。相手の心を揺さぶるような手紙になります。

私は、親しい方はもちろんのこと、仲良くなりたい方にこそ一筆せんを活用して近況報告をしています。

手紙をやりとりすることが少なくなった今では、いただくだけでも特別感がありますし、サッと読めてスッと心に響く一筆せんならば、あなたの存在が別格になるのは、間違いありません。

そんな一筆せんを書く要は2つです。

書き出しを「ひらがな」にする。

「PS」で個性を示す。

書き出しをひらがなにするとは、「お世話になります」や「ご無沙汰しております」というような漢字交じりの挨拶ではなく、相手に話しかけるように、「こんにちは」「ごきげんよう」「おげんきですか?」にすることです。

相手が早起きだと知っている場合には、一筆せんが郵送される時間に関係なく、「おはようございます!」と書くこともします。

このように**「書き出しの挨拶」をひらがなにするだけで、親しみやすさや、やさしさが演出できます。**

疎遠になっていたり、お会いするタイミングがなかなか合わない方でも、ひらがなの挨拶のおかげで、目の前にあなたがいて会話をしているような気持ちになるのです。そうすれば、続く文章も相手の心にすんなり入っていきます。

たとえば、「おかげさまで、○○に昇進しました」という、単なる近況報告であっても「そうなんだね。おめでとう」と、思わずつぶやく。

「がんばっていたものね」と、突っ込みを入れたくなる。

あたかも会話をしているような気持ちになるのです。

そして文末は「お会いできるのを心待ちにしております」「また楽しいお話を聞かせてくださいね」などと綴り、最後にPSを添えるのです。


PSとは追伸。本文では伝えきれなかったことを書くのが普通ですが、あえて本文とかけ離れたことを書くことをおすすめします。

PSは、個性の見せ場。あなたが忘れられない人になるか、その他大勢の人の中に埋もれるかを決めるポイントです。

たとえば、本文で仕事や職責の報告をしたとしても、ビジネスを離れ、

PS　食欲の秋と戦っています(笑)
PS　落ち葉に人生を重ねております
PS　まもなく3回目の成人式です

PS　○○さんは、私にとって幸せを呼ぶサンタさんです
PS　○○さん、若くなっていると言ったら、信用しますか？

というように、プライベートな出来事やちょっとした気づきを書くのです。すると相手はあなたの存在を再確認して、思いを馳《は》せる。

「ちょっと会わないか？」
「声が聞きたくなって……」

相手から即、連絡がくることは数多くあります。これもひらがなの挨拶とPSの力によるのでしょうね。

センスのいい人は、相手に合わせて一筆せんを使い分ける

今や一筆せんは、文房具店や雑貨屋さんだけでなく、100円ショップ、観光地のお土産、ミュージアムやタレントグッズとしても販売されています。

そのデザインや色合い、大きさ、形……本当にさまざまで、送る相手や季節、目的に合

わせてセレクトする楽しみも広がります。

私の周囲では「一筆せん収集」を趣味にしている方もいらっしゃいます。もちろん私も「一筆せん収集家」。

気になった一筆せんを購入するだけでなく、お手紙やメモとしていただいた一筆せんを大切に保存。気の利いたひと言をストックしたり、センスのよい一筆せんを購入の選択肢に取り入れたり、「一筆せん」から広がる世界を楽しんでいます。

私は、これまで２００通を超える「一筆せん」のお手紙やメモをいただいてきましたが、**仕事ができて愛される人は「一筆せん選び」がうまい。**

そういう方の一筆せんは、手紙の封を開ければすぐに、ビジネススキルの高さや人柄のよさがわかるのです。


彼らは、相手の心情や立場を察した一筆せんを選んでいますから、心躍る、和む、癒される、やる気が出る、元気になる、笑顔があふれる、その方に会いたくなる、声が聞きたくなる……プラスの感情を引き出してくれます。

いただいた方には、いい意味で「特別扱いしてくれている」という思いが芽生え、豊かな人間関係へと、一筆せんが導いてくれるのです。

ペットを飼っていらっしゃる方には、その犬種や猫種がイラストで描かれている一筆せん。勝負カラーを公言している方には、その色を主張している一筆せん。グルメの方には旬の食材がプリントされている一筆せん。文化芸術に造詣《ぞうけい》が深い方には、美術館や博物館で購入した限定品。

無地の上質紙でできた一筆せんを選び、相手の好きなブランドロゴを自己流のイラストで添えたり、虹の7色の一筆せんを連続して送る人もいます。

こんな一筆せんをいただいて笑顔にならない人は、いないでしょう。

こうした工夫は、話すことが苦手な人にこそおすすめします。

相手を前にすると、うまく話せなくても、「一筆せんならば相手の顔を思い浮かべながら、ゆったりとした気持ちで、素直な思いを綴ることができる」でしょう。

会話では相手の好みや心情まで推し量る余裕がなくても、一筆せんならば臆することなくできます。

結果、あなたはセンスのいい人、できる人、気配りができる人、忘れられない人、相手にとってかけがえのない存在になります。

たかが一筆せん、なんて侮ってはいけません。ほんの少しの工夫で、あなたの株が上がるのは間違いないのです。

落ち込んでいる友人の心に寄り添う「ひと言」

落ち込んでいる時、あなたが友人からかけて欲しいのは、どんな言葉ですか？

「がんばれ！」「しっかりしろよ」「お前らしくない」というような、力強い言葉でしょうか？

「大丈夫」「何とかなるさ」「時間が解決してくれる」というような、励ましの言葉でしょうか？

どちらも友人を思いやり、自然に出る言葉に違いはありませんが、それであなたの心が癒され、勇気や元気がわいてくるとは私は思えません。

力強い言葉は、応援というエール。励ましの言葉は、癒しという心の平穏。

それぞれ、相手が受けるニュアンスが違います。

エールを快く受け取る人もいれば、「上から目線の物言い」だと、拒絶反応を起こす人もいます。心の平穏を覚える言葉を好む人もいれば、「無責任な物言い」だと、受け入れられない人もいます。

落ち込んでいる人の心は繊細です。普段ならば、聞き流せる言葉ひとつにも、敏感で傷つく。ですから、なぐさめるつもりが「傷口」を大きくする結果にもなりかねません。


ではどうしたらいいのでしょうか？

友人が落ち込んでいる時には、エールと心の平穏が「ひと言」に込められているものが好ましいのです。

私でしたら、背中をさすったり肩を抱いたり手をやさしく握りながら、

「大変だったね……私、ずっとそばにいるから」

「泣きたいだけ泣いていいよ、見守っているから」

「このままで終わるあなたじゃない、大丈夫だから」

ゆっくりかみしめるように、そんな言葉を送ります。それ以上、話しかけることはしま

せん。相手が口を開いたり、顔を上げたらうなずき微笑みかけるだけです。

落ち込んでいる人に多言《たげん》は不要です。

相手の心に寄り添うのは「言葉数」ではありません。「ひと言に込められた思いの深さ」です。

品のいい人は、プレゼントにも「言葉のギフト」を添える

バースデープレゼントに、憧れていたブランドのバッグや、お目当てのアクセサリーなど、高級品を贈られたらうれしい。送り主が好意を寄せている方ならば、飛び上がりたいほど心躍るでしょう。

でもそこに「ひと言」もなく「モノ」だけだったら、どうでしょうか？　うれしさは半減。疑問がわくのではないでしょうか？

「高級品を渡せば女はみんな喜ぶと思っているの？」

「私って、そんなに物欲しそうな顔をしているのかしら」

相手の品性やモノの考え方を、疑うのではないでしょうか。

高級品も限定品もそれだけでは、ただのモノ。**相手への思いを綴った「ひと言」が添えられて、初めて「ギフト」になるのです。**

バースデープレゼントには、少なくとも、

「お誕生日おめでとう」

「お誕生日おめでとうございます」

「ハッピー・バースデー」

と、ギフトカードに手書きをするのが礼儀。

品のいい人ならば、

「お誕生日おめでとう、貴女に出会えた奇跡に感謝しています」

「お誕生日おめでとう、来年も再来年もずっとお祝いすることを誓います」

「お誕生日おめでとう、ますます美しさに磨きがかかってきたね」

「ハッピー・バースデー、先輩は私の憧れです」

「ハッピー・バースデー、年齢不詳の美女でいこうね」

「ハッピー・バースデー、知性＋美貌＝◯◯さん」

笑みがこぼれたり、胸が熱くなったり、心ときめく言葉を添えるでしょう。
プレゼントは、そのモノ自体の価格や希少性で心躍るのではありません。
プレゼントに込められた思いを綴った「ひと言」で、心がつかまれるのです。
たったひと言、されどひと言。
言葉にはモノ以上の重みがあるのです。

けんかしてしまった友人に送る一筆せん

仲がいいからこそ、お節介とか意地悪と受け取られる可能性があっても、苦言を呈したり、注意をしたりするものです。もっと、魅力あふれる人になって欲しいから、能力を発揮して欲しいから、言いにくいことも教えてくれる。

そんな仲間や友人がいるあなたは幸せです。彼らは、人生の宝物。何にも代えられない貴重な財産です。

しかし大切にしている友だちに、言い過ぎてしまったり、見解の相違でもめてしまったり。時には、大声での言い合いにまで及ぶこともあるかもしれません。

そんな時、

「こんなにあなたを思っているのに……」

「誰よりもあなたのことを理解しているのに……」

一向に折れてこない相手に業を煮やす。

「あいつのほうが謝ってくるべきだ」

「私から頭を下げるなんて冗談じゃない」

そんなふうに意地を張りますか？

先に謝るが勝ち＝先に謝るのが、価値がある。

私はそうとらえています。

意地なんて張っていないで、先に折れたほうが断然気持ちがいい。

「素直に謝れる私はすごい」

そんなふうに自分をほめてあげましょう。

仲直りのタイミングを計るのは難しい。相手だって本当は謝りたいけれど、あなたから「寄せ付けないオーラ」を感じているかもしれません。

けんかをした時には、原因は何であれ、争ったという事実に目が向き、それまで築き上げてきた人間関係やともに歩んできた年月など忘れてしまうもの。

誰しも**「怒りに魂を奪われる」から、目が曇るのです。**

あなたが主導権を握って謝りましょう。できれば口頭で潔く謝ること。

「ごめんなさい、言い過ぎました」

「ごめんね、感情的になって」

この時、言い訳はしないでくださいね。「あなたのためだと思って言ったの」なんて最悪。このひと言で「ごめんなさい」は帳消しになります。

相手が、

「私こそごめんなさい」

「ごめんね、強情になっていた」

と反応があったら、

「こうやって、けんかできる友だちがいる私は幸せ」

「あなたがいないと、寂しいってわかった」

「もう泣かせたりしない、笑顔でいようね」

「大好き過ぎて言い過ぎたのかな？」

そんなひと言を告げるのも、いいでしょう。

口頭が無理ならば、一筆せんに
「大好きな◯◯さんへ
ごめんなさい、言い過ぎました。
こんな私でもまた仲良くしてくれますか？」
質問するスタイルをとるのもいいでしょう。
知人ですが、つかみ合いのけんかの後に、
「親愛なる◯◯さんへ
ごめんなさい、短気な私を許してください。
一発殴って終戦にしてくれたら幸いです」

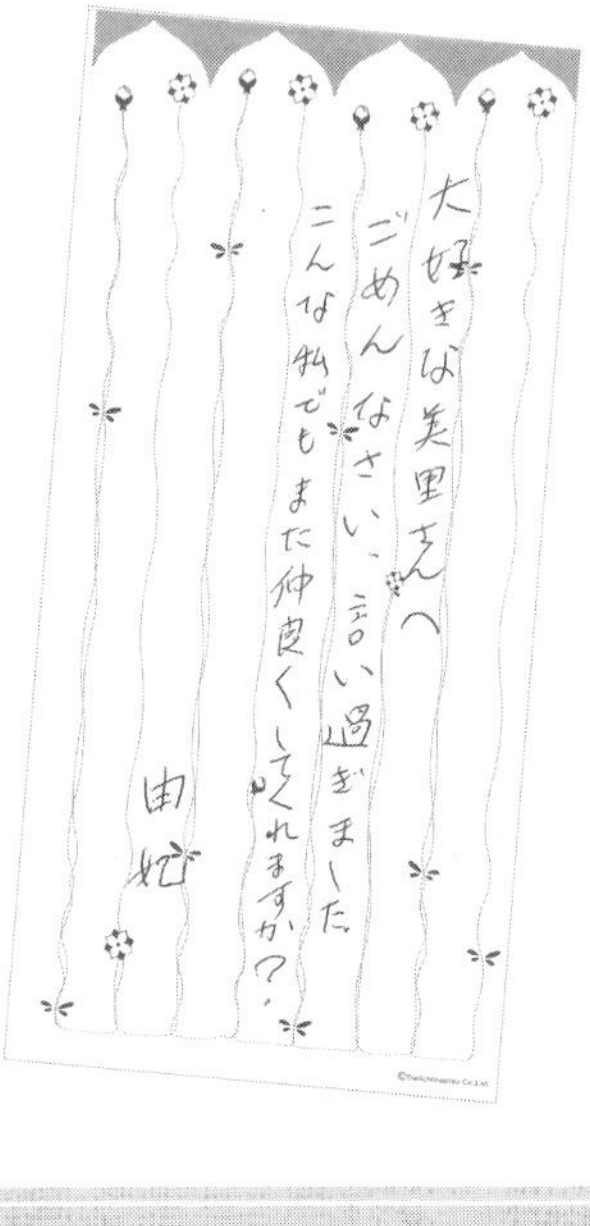

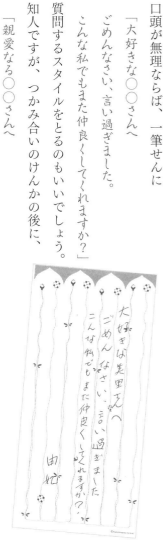

そんな一筆せんを書いた人もいます。それをもらって殴りに行く人なんていませんよね。笑って泣いて、友の存在の大きさを知るのです。

お中元、お歳暮を儀礼的にさせない「ホッとするひと言」

お中元やお歳暮の時期になると、送り先から定番のようにくるのがこんな文面のはがきやメールではないでしょうか？

「このたびは結構なお品をお送りいただき、ありがとうございました。社員一同（家族一同）喜んでおります。まずはお礼まで申し上げます」

お礼状が悪いと言っているのではありません。送ったはずなのに、連絡ひとつもない人もいるのですから、お礼状をいただくだけでも、相手の元に届いていると確認できる。合格と言えます。

でも先の文面からは、人柄やその様子がまったくうかがえない。手書きのお礼状であっても、「喜んでいる」と言っても、そこに体温が感じられないのです。こう書くと、耳が痛い方も多いでしょう。私もそのように書いていたと。

また、品物がのしつきで、デパートから送られてきただけで、ひと言もなかったという経験をお持ちの方もいらっしゃるでしょう。

お中元やお歳暮はセレモニーではなく「心を通わせるイベント」です。

イベントには、挨拶はつきものでしょう。無言でイベントを始める人はいませんから、やはり「ひと言」添えたいところです。

ひと言あるかないか。そのひと言で和んだり癒されたり、励まされたり。人は心動かされるのです。

たとえば個人あてのお中元やお歳暮では、

「○○○○様（フルネームを書く）
いつもお世話になっております。
地元で評判の銘菓です。
食通の○○様のお口に合えば幸いです」

「○○○○様（フルネームを書く）
お元気でご活躍の姿、まぶしく拝見しております。
自称『洋酒マスター』の私、推薦のブランデーです。
ご賞味ください」

「○○○○様（フルネームを書く）
いつも大変お世話になっております。
見つけた瞬間『素敵』と声をあげました。
気に入っていただけたらうれしいです」

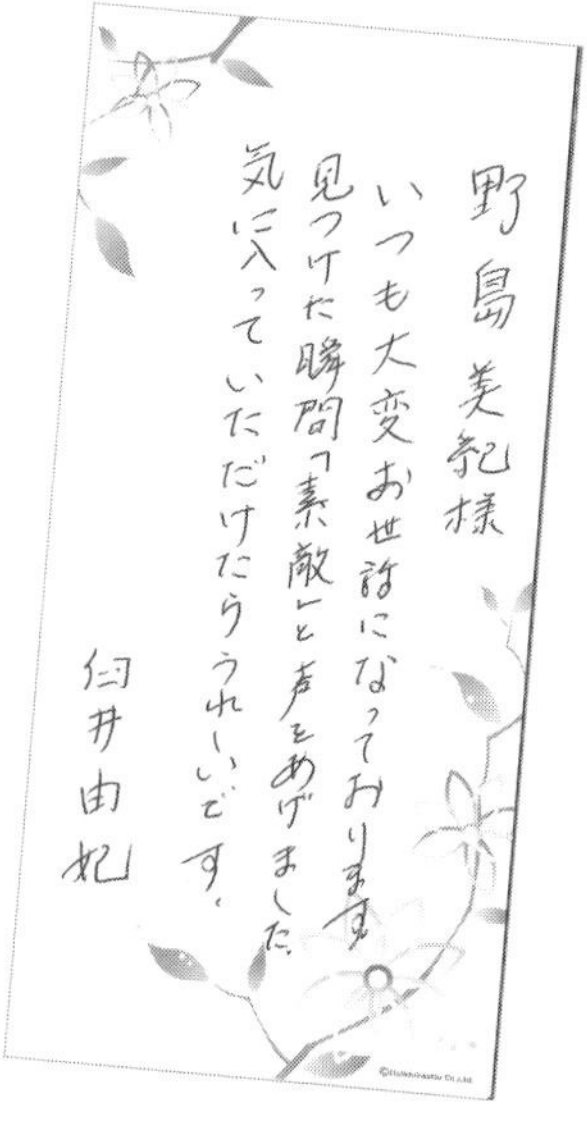

会社あてのお中元やお歳暮では、
「○○株式会社営業部　○○○○様（いつもコンタクトをとっている相手のフルネームを書く）
いつもお世話になっております。
お取引いただいて7年が経つのですね。

ご縁に心から感謝しております」

「○○株式会社○○社長様
いつも貴重なご意見やアドバイスを賜りありがとうございます。
○○社長様には学ぶことばかりです。
出張先の博多で見つけた限定酒です。
お口に合えば幸いです」

こんな文章を目にしたら、相手に思いを馳せるでしょう。そこには「心」ものっている。「ひと言」あれば、単に品物を送るのと違い、あたたかな思いも受け取ることができるのです。

祝電よりも「お祝いの一筆せん」が効く

披露宴やパーティーなどお祝いの席で、司会者が「○○様から祝電が届いております」と、紹介する場面があります。

それは取引先だったり旧友だったり、所用があってその場に参加できない方からの祝福のメッセージ。ただ「不参加」と通知するよりも、気が利いています。

特に著名人や有名企業の方からの祝電ならば、会場も沸き立つでしょう。「すごい人と知り合いなのだ」と。お祝いの席も盛り上がるのは必至です。

しかし祝電はどれも定型文。お行儀よすぎて面白みや驚き、インパクトに欠けるのは否めません。

そのような場で私がおすすめしたいのは、「**お祝いの一筆せん**」です。会場あてに日時指定で宅配便を使い、「お祝いの一筆せん」を送るのです。

祝電と違って、見た目は悪いかもしれませんが、司会者も参加者も主賓も「何が入っているのだろう」と思う。**祝電が当たり前になっているからこそ、関心を呼ぶのです。**

披露宴ならばピンクや赤など心浮き立つ色の一筆せん、ポイントに金や銀を施したデザインもふさわしいでしょう。

会社の創立記念パーティーや受勲などおめでたい席には、高級感のある和紙や上質紙の一筆せんと、もちろん封筒も同じタイプを選びましょう。

個人あてのお祝いの一筆せんならば、

「○○○○様へ（フルネームを書く）
すごい美女を射止めたと聞いて、何をおいても参列したかった。
けれど、出張でどうしてもうかがえず残念です。
新婦の○○さん、いかつい顔をして小心者の○○をよろしくお願いします。
お二人の永遠の幸せを祈念しております」

「○○○○様へ（フルネームを書く）
○○さんは、かけがえのない親友です。

そして『ハナマルのいい女』です。
△△さん（新郎の名まえ）を支え、笑顔あふれる家庭を築くことでしょう。
落ち着いたころに冷やかしに行きますから、待っていてね。
ご結婚おめでとうございます！」

会社や団体あてのお祝いの一筆せんならば、
「○○株式会社　代表取締役○○○○様へ
会社創立100周年、おめでとうございます。
弊社が仕事をさせていただけるのも、貴社のお力添えのおかげです。
○○社長からは、経営者としての心得だけでなく、
人としてどうあるべきかを学ばせていただいております。
素晴らしい集いに参加できず残念ですが、
貴社の繁栄と皆様のご健勝を祈念しております」
「○○株式会社　代表取締役○○○○様へ

○○100万個突破とのこと、おめでとうございます。
記念の集いには何をおいても参加したかったのですが、出張と重なり残念です。

出張先で100万回『おめでとうございます』と、叫びます」


祝電を受け取ったことがある方ならば、その違いは明瞭でしょう。

「お祝いの一筆せん」には、やさしさやユーモア、あたたかさ、書き手の顔が見えます。その思いは、当事者だけでなく参列者も共有できるものです。

疎遠になった人との再会を果たす「ずっと気になっていました」

先日、10年間音信がなかった方に、一筆せんを送りました。ちょっとした誤解に尾ひれがつき、顔を合わせるのを避け、気づいたら10年。

心の中では「どこかで会える、だって同じ業界にいるもの」と思っていた。ＳＮＳやメディアを通じて、彼女の活躍を目にするたびに、このままでいいのかな？　でも勇気がなくて、連絡をとらずにいました。

そんな折、友人を介して彼女がある病を患っていることを知ったのです。命に別状がある状況ではありませんが、患って5年も経つのに私は知らず、時に疎遠になった原因を彼女のせいだと決めつけて、恨みがましいことも呟《つぶや》いていました。

情けない、恥ずかしい、10年も怨念《おんねん》を持ち続けてきた自分を愚かだと思いました。

○○○○さんへ
こんにちは、臼井由妃です。
10年前、私たち、いいライバルだったよね。
なのに、こんなに離れてしまった。
でもずっと気になっていました、あなたのことを。
会いたいです。
臼井由妃

書きたいことは山ほどあったけれど、ただ一点「**ずっと気になっていました**」と伝えたかった。

誰しも、ちょっとしたボタンの掛け違いで、大好きな人や大切な人と疎遠になってしまうことはあるでしょう。出会いがあれば別れもある。

でも、それで割り切れない思いがあなたにあるのならば、思い切って声を上げましょう。メールでは見られない可能性もある。電話で話すのは勇気がいる。

でも手紙ならば、封を開けずに捨てる人などまずいません。

そして長くても5行ほどで形になる一筆せんならば、伝えたいことを素直に伝えられる。

あなたに「ずっと気になっている人」がいるのならば、思いをしたためましょう。

ちなみに10年疎遠になっていた彼女からは、手紙を投函してから一週間もしないで、電話がかかってきました。「私こそ、ごめんなさい」と。

そして、私たちは再会を果たしました。

column ちょっとした知恵の披露は、一筆せんを使えば偉そうにならない

先輩や上司、恩師……そうした方から仕事のアドバイスや情報をいただくことは多いでしょう。それらがきっかけとなり自分の可能性を見出し、明るい未来を築く礎《いしずえ》となる。経験に培われた知恵は生きたものであり、ビジネスだけでなく人生に役立つものです。しかし同僚や年下、後輩などから知恵や知識を受ける時は、少し様相が変わってくるのではありませんか？

実際の話です。デジタル機器オンチの私ですが、20歳以上も年下の男性から、「臼井さん、○○を知っているのは常識です」というような雰囲気で、「えっ？　知らない？　本当ですか？　じゃあ教えますよ」と言われました。

私は素直でないのかしら？　自分でも表情が曇っていくのがわかりました。聞く耳を持っていなかったのです。生意気な男性だと思ったものです。

教えたがり屋の人は多いけれど、教え上手な人は少ない。

それでも年上の方や上司からの話ならば耳を傾けますが、年下や後輩だと「教えてやっ

ているんだぞ」という感に、居たたまれなくなります。

そんな経験を経て、私がちょっとした知恵や経験を伝える時には、「たまたま知っていただけ、役に立つかもしれないから聞いてね」といったスタンスで、「一筆せん」をメモ代わりに使うことが多いです。

「○○社の社長は、△△を好まないから、面談には注意。私、知らずに苦労しましたから」

「あがり症だと聞いているけれど、それぐらいのほうが、緊張感があって商談もうまくいきます。これは私の経験です」

「企画の成否の最後は熱意です。相手を喜ばせ味方に引き込みましょう」

「回り道をした私だから言えます、○○営業部長を落としましょう、彼が決定権を持っています」

こんな調子で綴り、「読んでおいてね」と手渡しています。

それは**記憶に残るだけでなく、目をかけてくれた記録として相手の脳裏に焼き付きます。**

恩返しを期待しての行動ではないけれど、縁や運が巡ってくる確率も高まります。

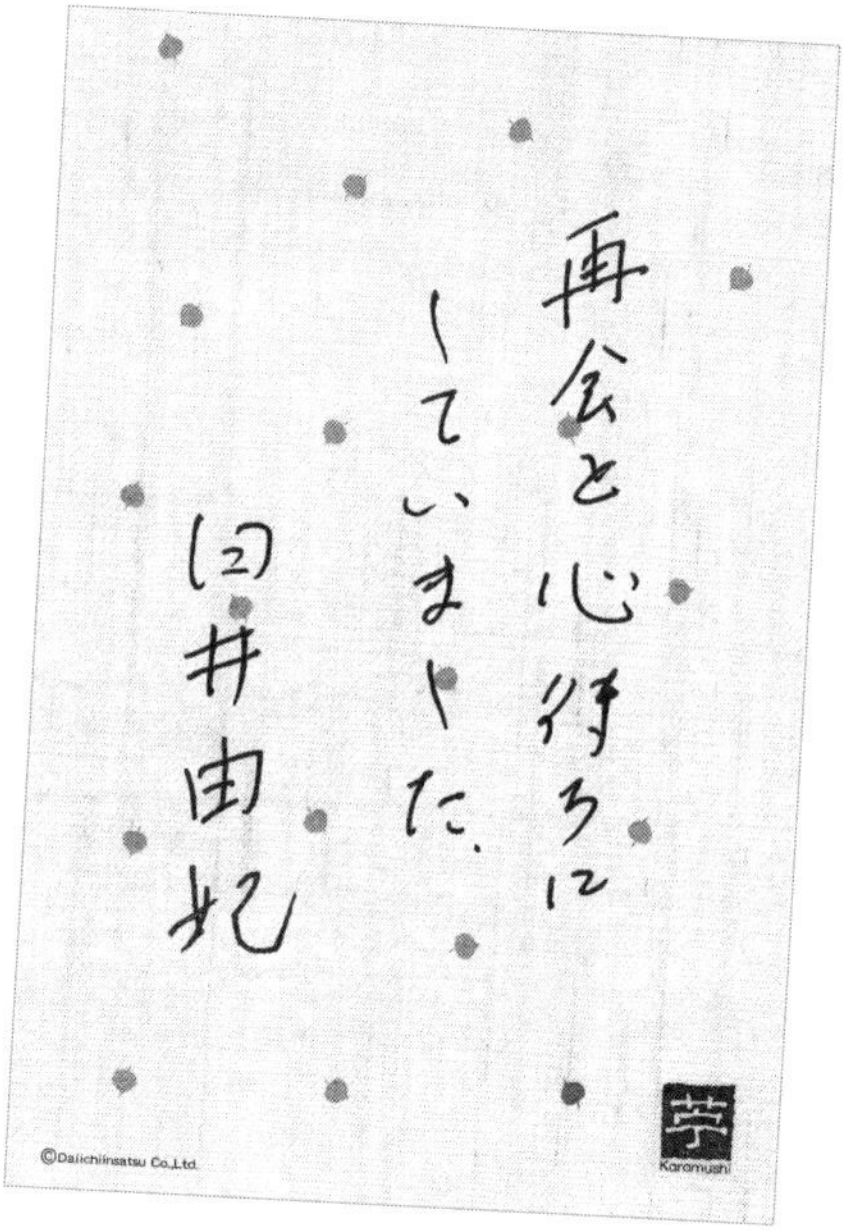
再会を心待ちにしていました。
臼井由妃
©Daiichiinsatsu Co.,Ltd.
Karamushi

第5章

家族との絆が深まるコツ

円満な家庭は、一筆せんの交換から生まれる～新習慣の提案～

誰しも、忙しい毎日を送っています。それでも、外では平静を保ち、仕事やひとづきあいをつつがなくこなしているあなたも、家に帰れば気が緩み、余裕のなさや疲労感から、心ない言葉を家族に向けてしまうことがあるでしょう。

家族だからわかってくれる、家族だから許してくれる、口にしなくても察してくれる。それはあなたの甘えです。

家族は、どんな時でもあなたの思いを理解してくれる「神様」ではありません。顔には出さず口にもせず、あなたのことを「いらない」と、感じているかもしれません。

「家の中が、何だかピリピリしている」

「そういえば最近、妻の笑い声を聞いたことがない」

「娘と話をしたのは、いつのことか？」

「息子が、相談があると言っていたけれど……」

思い当たる節はありませんか？

家庭は、個々に寝食をする「合宿所」ではありません。寝食をともにして、会話をする「コミュニケーションの場」です。

仕事の都合で、家族と顔を合わせる時間が少ない、会話ができないと言うのならば、「一筆せん」の力を借りませんか？

帰宅時間が遅いご主人の夕食の膳に、

お疲れ様
疲労回復間違いなしの豚汁が
スタンバイしています。
ファイト！　大好きなあなたへ
由妃

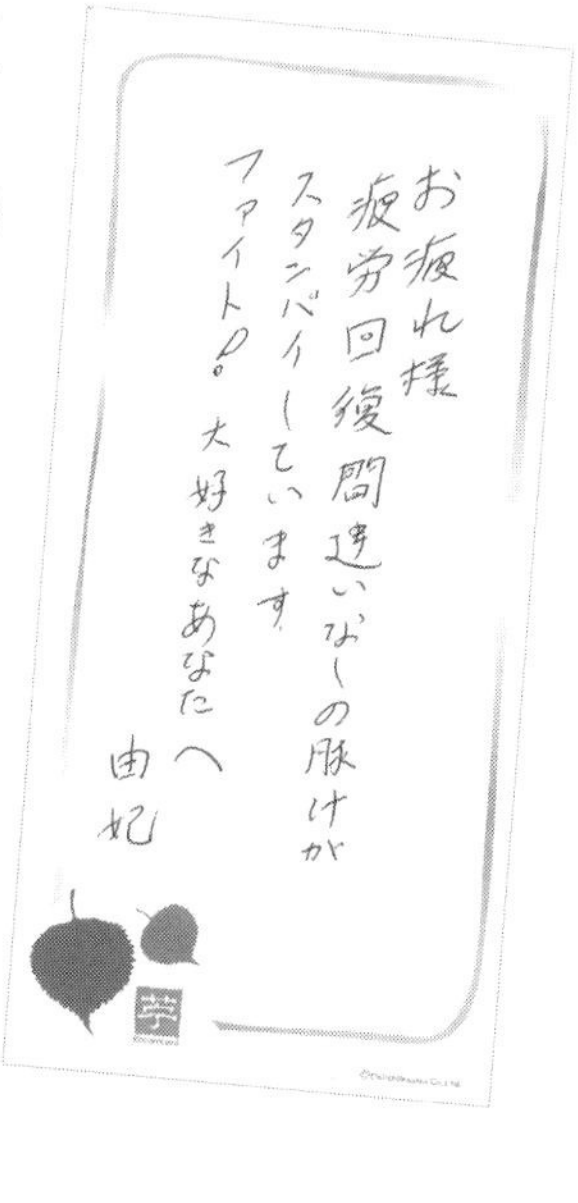

こんな一文が添えられていたらうれしいですよね。

そして食事を終えたら、早朝起きる奥様あてに、

「美味しかった！　料理上手＋美人さん＝○○子
ありがとう」

そんな言葉を一筆せんに残すのです。

すると、奥様から何らかの返信があります。これは、交換日記のようですが、短い文章で形が決まる「一筆せん」だから、もっと気軽で長続きできます。

お子さんと、連絡ノートのようにやりとりしても、楽しいですよ。時には、似顔絵やイラスト、絵文字やマーカー入りがあったり。対面で言えないことは「一筆せん」にさらりと書いて渡すのもおすすめです。

「○○へ（息子さん）
サッカー部の主将になったそうだね。
○○ならば、リーダーシップを発揮する。
お父さんが、ファン第一号だ」

「○○へ（娘さん）
この前は頭ごなしに怒って悪かった。
きちんと話を聞くから、週末、カフェでデートしてくれないか？」

こんな「一筆せん」を渡されたら、反抗期のお子さんだって、「うちの親はなかなかやるじゃないか」と思うはずです。

そうこうするうちに、家族の本音や願い、今まで気づかなかった個性を知ることもできます。

「一筆せん」は、家族の絆も強くするのです。

子どもが欲しがっている「お母さんのひと言」

私には、反抗期がありませんでした。「返事が悪い」というだけで、母から言葉と体の暴力を受けたから、逆らうことなど考えもしなかったのです。

母の権限は絶大で、暴君のようにふるまっていました。

そんな母は大嫌い、彼女を止めない父も嫌悪の対象。私には、両親からやさしい言葉やあたたかな声をかけられた経験がありません。家事を手伝い、勉強もして礼儀正しい優等生。

自分で言うのもおこがましいですが、そんな子どもに「ありがとう」「がんばっているね」のひと言もなかったのですから、私は常に「やさしい言葉」に飢えていました。

試験でよい点を取れば、先生は「努力しましたね」と言ってくれる。

いじめられている同級生をかばえば、「由妃ちゃん、助けてくれてありがとう」。

近所の八百屋さんは、「お手伝いしてえらいね」とほめてくれる。

外では、あたたかな言葉をもらったけれど、家では「冷え切った言葉」の中に身を置く毎日でした。

子どもは、親から特別なプレゼントをもらいたいと願っているのではありません。

両親とも働く家庭や、お金に余裕がある家庭では、会話をする時間を「お金＝もの」で補おうとする向きもありますが、それは子ども心を無視する大人の都合です。

私の例は極端かもしれませんが、「**ありがとう**」「**助かるよ**」「**いい子だね**」**そんなひと言**

でいいのです。

社会に出れば、何かしてもらったら「ありがとうございます」、相手を不快にさせてしまったら「ごめんなさい」と素直に言葉にするでしょう。

家庭も社会と同じ。子どもも大人と同じように扱って欲しいのです。

いいことをしたら「すごいね」「さすが○○ちゃん」、悪いことをしたら、言葉や力で威圧するのではなく、「どうしてこんなことになったの？　お母さんに話してくれるかな？」と子どもの気持ちを聞き出しましょう。

子どもなりの理由があるはずです。それを聞いてから、対応する余裕を持ちたいですね。

怒りに任せて「お前なんて家《うち》の子じゃない」「産まなければよかった」、これは幼少期に私が母から受けた言葉です。子どもに怒りを向けてどうするのでしょうか？　そんな言葉は、子どもを深く傷つけます。

「私なんていなくなればいいのだ」「私なんて生まれてこなければよかった」、私自身、母の言葉で「自殺」まで考えました。

人は時に怒りで自分を見失うことがあります。怒りの矛先を、力の弱い身近な「子ども」

に向けることがあります。そういうあなたを、子どもはどう受け止めているのか、考えて欲しいのです。

子どもの将来を決めるのは、お母さんの言葉やふるまいなのです。

お母さんは、家族の太陽。家の大黒柱は、お父さんではなくお母さん。

子どもは、母親からほめられた、感謝された、認められたと感じた時、もっと努力をしようと思うもの。そのような環境の中で成長した子どもは、尊敬される大人になります。

親バカ丸出しのひと言のほうが、ダメ出しのひと言よりも効きます。

毎日でなくてもいいですから、あなたの子どもを認めてほめてください。感謝の言葉をかけてください。言葉にできない時は、一筆せんで伝えてください。

「いつもお手伝いしてくれてありがとう」

「○○ちゃんがいるから、お母さんもがんばれる」

「上手になったね、すごいね」

つい語気を荒らげてしまったら、

「さっきは怒ってごめんなさい。お母さん、反省しています」

無視するような態度をとってしまったら、

「忙しいのは理由にならないね、ごめんなさい」

お母さん、子どもはあなたの「ひと言」でよくも悪くも育つのです。

頭ごなしに子どもを叱ってしまった時に

私には子どもがおりませんが、スタッフや愛犬は子どもと同じです。快適な環境で仕事ができるのも、ミスやトラブルに見舞われ落ち込んでも、すぐに立ち直れるのは、彼らのおかげです。

それは十分理解しているのですが、原稿の締め切りや講演前の緊張など、気持ちに余裕がなくなると、感謝の念を忘れ強い口調で指示をしたり、思うようにことが運ばないイライラから、語気を荒らげることがあります。

彼らが何か言おうとするのを制し、「言い訳なんて聞きたくない」「私の言うことを聞けばいいのよ」なんて、頭ごなしに言い放つ。

そのたびに、「心にもないことを言ってしまった」と思うのですが、心の中にないことを、人は口にはしない。私の心にはダークサイドがあり、ゆとりがなくなると、表面化し言葉になるのです。

暴言や悪口、決めつけた発言など絶対にしない「聖人君子」のような人などいません。

誰の心にも、闇＝ダークサイドがあるのです。

それは、「弱いもの」に向けられるのが常。最も標的にされるのは、「我が子」です。

愛情の裏返しは憎しみと言います。愛すればこそ、裏切られた感が満ちてくると、ひどい言葉を浴びせる。

私自身、母からの暴言に、「自殺」まで考えたというのに、自分も同じように言葉の刃《やいば》を向けている。本当に人は懲りないのです。

そんな自分が許せなくて情けなくて……、あなたにも覚えがあるでしょう。反省している暇があるのならば、責めた相手「お子さん」へのフォローをするべきです。

頭ごなしに子どもを叱るのは、言葉の暴力であり、相手の人格を無視した愚かな行いです。相手が3歳児であろうと、成人を迎えた子どもであろうと、大人と同じ扱いで謝るのが基本です。

「ごめんなさい、あなたの思いを何も聞かず怒ってしまった」

「怒りに身を任せてひどい言葉で責めた、私を許してください」

謝罪の時は、丁寧な言葉で深々と頭を下げましょう。

そこに、「親子だからこれぐらいは許してもらえる」なんて甘えは禁物です。

肉親への嫌悪感が芽生えたら、早く摘み取らなくては危険。他人ならば許せることも、肉親への嫌悪感は憎悪に巨大化するのです。

勢いに任せて子どもを怒る、八つ当たりをする、大人げないけれど、誰だってあるでしょう。そんな時はできる限り早く「ごめんなさい」を伝え、子どもの傷ついた心を和らげてください。

そして、ここは一筆せんではなく、

「お母さんのダメなところを教えてくれる？　直すからね」

「お父さん、口が悪いよね。ひどい親だと思っているかな？」

やさしく、あなたの声で語りかけましょう。

あなたのことを認めている、あなたのことを尊重している、子どもにそうした思いを伝えてください。

頭ごなしに怒ったままでは人格無視。冷ややかな親子関係になるばかりです。

しかし「ごめんなさい」と心から謝罪して、自分の至らないところを子どもにたずね、直そうとする姿勢を示せば、そこから円満な親子関係が形成されます。

子どもは、親の背中を見ながら育つと言いますが、親は子どもに教えられ本物の親に育つ。子どもは、あなたを立派な人間へと導く「師匠」でもあるのです。

卒業、入学シーズンには「オリジナルなひと言」で祝福しよう

卒業や入学シーズンの3月、4月は春を迎える喜びも相まって、明るい未来を予感させる言葉が、自然とこぼれるのではないでしょうか。

寒さに縮こまっていた心と体も解放されて自由になる。

「よし、行くぞ」

「さあ、がんばるぞ」

誰しも新天地を迎える期待感がわくでしょう。

その感覚を大切に、卒業や入学、入社する彼らに「言葉の贈り物」をしましょう。

「ご卒業おめでとう」「ご入学おめでとう」「ご入社おめでとう」に、あなたらしいひと言をプラスするのです。

たとえば、

●今年の桜はいっそう綺麗に見えます
●自慢の息子（娘）に育ってくれてありがとう
●あなたの成長が私のビタミン剤です
●困った時には、おばさんに言ってね。愚痴の相手にはなるから
●春爛漫、幸せも爛漫ですね
●桜のように誰からも愛される社会人になってください

●○○さんの活躍を楽しみにしています
●あなたの潜在能力は無限大です
●自分を信じて邁進してください、見守っています
●「トップを狙え」なんて言ったらプレッシャーかな？
●能力×努力×感謝＝大成功間違いなし
●どんな時でも、私はあなたの味方です
●夢は見るものではなく叶えるもの。あなたならばできる！

こんなひと言が添えられていたら、胸が熱くなります。

困難に身動きできなくなっても、喜びに浮かれても、自分を見つめるきっかけになる。

彼らにとって、生涯忘れられない「ひと言」になります。

私ももちろん、感性の赴くままに「オリジナルなひと言」を、卒業、入学シーズンには贈り続けています。

愛するご主人をさらに魅力的にする「一筆せんラブレター」

最近、夫婦の会話が少なくなった。「風呂、ご飯、おやすみ、おはよう」というような言葉しか耳にしていないと思うあなた。だからと言って、甘え声で「ねえ聞いて……」とすがる。「ちょっとは、私の話を聞いてよ」なんて、彼に愚痴っていませんか？反応が悪いと、「愛していないの？」「帰宅が遅いのは、ほかに女がいるからでしょう」なんて邪推する……。

彼は仕事やつきあいで疲れ果て、口が重たくなっているのかもしれませんし、口に出さなくてもあなたのことは誰よりも理解している。

何も言わないのは、「愛している証拠」です。そうは言っても、会話がないのは寂しいものです。そこで「一筆せん」を活用して、愛を確認、再燃させましょう。

帰宅が遅いご主人には、リビングや洗面所など、彼の目に入る場所に、ひと言添えた「一筆せん」を置くのです。ポイントは「ひと言」に止《とど》めること。

多くを書けば重荷になるだけですから、注意してくださいね。

●あなたの疲れの一部を代わってあげたい
●家のことは私にお任せ！　自称カリスマ主婦○○より
●いい奥さんよりも、あなたの役に立つ奥さんになりたい
●面と向かうと言えない「アイ・ラブ・ユー」
●困りごとは、私にご用命ください（笑）バトラー由妃より
●自信あふれる、あなたが好き
●若い時よりも今のあなたが好きです
●私にとってあなたは「地上の星」です
●こんなに素敵だったなんて、あなたの寝顔に見とれました
●ミスタージャパン受賞おめでとうございます！　主催者　由妃より

どうですか？　思いやりあふれるひと言を目にしたら、彼の疲れも吹き飛ぶでしょう。こんなに愛されている自分は幸せ。そして、あなたをもっと幸せにしたいと思うのは間違いありません。

義父、義母が泣いて喜ぶ「キーワード」

主人と結婚した時には、義父や義母は他界していましたが、生きていたら、まずこの言葉を伝えたでしょう。

「主人に出会えたのは、お義父さんお義母さんのおかげです、ありがとう」と。

彼が生を受けなければ、私は結婚できなかった。結婚に憧れや夢など抱いたことはなかったですし、プライベートスペースには家族であっても侵入して欲しくない。だから一生独身がいいと思っていたのに、

「結婚するのも悪くないかも……」

と覆させた主人は、包容力があってやさしくて、正義感あふれる男性でした。

「素晴らしい男性に育ててくれてありがとう」

振り返れば、披露宴の間、亡き義父、義母に私は心の中でつぶやいていました。

写真でしか知らない二人ですが、きっと天国に届いたのではないでしょうか。

義父や義母と円満な関係を築くのは難しいと言う人がいますが、実父や実母との関係よ

りも、私はやさしいと思います。誰だって自然と他人には気を使うでしょう。

肉親には甘えても、義父や義母には遠慮があるから、ほどほどの距離感を持って向き合える。肉親には言えないようなほめ言葉も、照れずに口にできる。文章にしたためられるのです。


義父や義母を笑顔にするのは、彼らを直接ほめるのではなく、

「世界一の男性（女性）と知り合えました」

「彼（彼女）と結婚できたのは奇跡です」

「彼女が料理上手なのは、お義母さんゆずりですね」

「お義父様に教えていただいたからゴルフが上達したと、主人が申しております」

というように、**パートナーを介した「ほめ言葉」を使うのがコツです。**

こうした「間接ほめ」は、嫌味がなく相手もパートナーもほめることになり、喜びは倍増します。思いはあっても口にしたり文章にしなければ、相手には届きません。形にしなければ、思っていないのと同じです。肩の力を抜いて、義父、義母を笑顔にしましょう。

キーワードは、「間接ほめ」「パートナー」です。

母の日・父の日には、心を揺さぶる「感謝のひと言」を

1年365日、誰かの誕生日であり記念日です。実父は他界しましたが、それでも誕生日と父の日には、仏壇にプレゼントとひと言添えを供えています。

誕生日には、

「お父さん、お誕生日おめでとうございます！

天国へ行ったのに誕生日っておかしいかな？

でもお父さんが生まれた日は、大切だもの。

ＰＳ　お母さんをお迎えには来ないでね」

父の日には、

「大好きなお父さんへ　ロマンスグレーで、天国でモテモテでしょう」

「お父さんに会いたい。成長した私を見て欲しい」

「お父さんに似た人を、つい探してしまうの」

今は、介護施設で暮らす母には折に触れ、

「離れて初めて貴女の大きさを知りました」

「今ならば、お母さんの気持ちがわかります」

と、伝えています。

母の日には、

「厳しく育ててくれてありがとう。貴女のおかげで人の痛みを知る私になれました」

「お母さんに似てきたって最近言われます。正直うれしい！」

「上出来ではないかもしれませんが、やさしい娘だと思って欲しい」

「生まれ変わっても貴女の娘になりたい」

私は、両親の愛の結晶ですものね。


父の日や母の日に、プレゼントに「ありがとう」と添えるだけでは感謝が足りない。ですから、「ありがとう」に、心に浮かんだ素直な思いを添えて、亡き父そして母に伝えています。気の利いた言葉でなくてもいい。

「産んでくれてありがとう」

「育ててくれてありがとう」

改めて伝えるだけでも、ご両親は喜んでくださいますよ。

帰省時には、いつものお土産だけでは能がない～「心せん」のススメ～

夏休みや年末、故郷に帰省される時には、銘菓やおしゃれな小物、ご両親好みのプレゼントを持参する方は多いですね。

ではそれをどう渡していますか？「はい、これ」「はい、お土産」なんて言葉の省エネをしていませんか。まさか、無言でお土産を渡すなんて、していませんよね。

あなたの思いがのってこそ、「お土産」になるのです。そうでないのは、「土産」。**私流の解釈ですが、お土産の「お」には「思い」、そして「思いやり」「思い出」など、心があります。**

そうした思いを口にするのが苦手ならば、**お土産にひと言添えた「心せん」**をつけましょう。一筆せんでなくても、小さなカードや付せんでもいいですから、あなたの心を見せるのが「心せん」です。


「母さんの煮物を楽しみにしてきました」

「父さん(親父)と僕と息子、3代で飲めるね」

「大家族での食卓っていいね」

「実家に帰ると素直になれる」

「父さん、母さん、長生きしてください。親孝行まだできていないから」

「東京よりも故郷の匂いが落ち着きます」

「積もる話で、徹夜かな?」

「いい女房と娘に恵まれたのも、父さん母さん(親父やおふくろ)のおかげだね」


口にすると照れるようなひと言も、書くのならばできるでしょう。「心せん」があるかないかで、「お土産」の価値が変わってきます。

「心せん」がある「お土産」は、万感の思いを背負って輝いて見える。

いつもの「お土産」が「特別のお土産」になります。

column　一家離散、心中を救った子どもが発した「ひと言」

「僕、学校をやめて働くから」

「働けば、父さん母さんがラクになるよね」

そう言った息子さんは、当時小学6年生。やせっぽちで、人見知り。感情表現が苦手なお子さんでした。

「息子のひと言で、私は死を踏みとどまったの」

友人のK子さんが打ち明けてくれました。


親友から借金の連帯保証人をお願いされ、断り切れなかった夫。何も知らずにいたK子さん。そんななか、夫の親友は姿をくらませ、取り立てが彼女の家にやってきた。

「1000万なんて、我が家のどこを探してもあるわけないのに、あがりこんできて脅しをかけて」

今では考えられないですが、借金をした相手が悪かった。高利なうえに、脅しまがいの取り立てで、K子さんは心身ともに病んでいったそうです。

何の相談もしないで連帯保証人になった夫を責めて、責めて、責め続けた。まず離婚を考えたけれど、息子はどうなるの？　あんな夫では育てられない、かといって主婦の私には養育できる保証もない。夫婦げんかが続き、泣きわめき罵倒《ばとう》し合い……、「心中を考えた」そうです。

息子さんは、その様子を見かねた。小学6年生の彼なりに「救いの手」を差し伸べたのですね。現実にはできるはずもない提案ですが、必死で訴えてきたと言います。

「僕、学校をやめて働くから。働けば、父さん母さんがラクになるよね」と。

あのひと言がなかったら、私は「子殺し」「夫殺し」の犯罪者になっていた……。同様の経験がある私にはK子さんの言葉は、他人事ではありませんでした。

簡単に「死にたい」と言う人がいるけれど、生きたくても生きられない人がいる。そんなことわかっていると、人は言うでしょう。でも極限に追い込まれると、人は将来を見ようとしない。現実にもがくだけになる。

そんな窮地を救った息子さんも、30歳。頼りがいのある素敵なパパになっているそうです。

第6章 心地よい人間関係をつくるコツ

持ち寄りパーティーには「ひと言心せん」を持参するのが臼井流

半年ほど前から、ご近所さんで集まって「持ち寄りパーティー」を行っています。発端は、地震や災害に見舞われたり、病に襲われたり、不測の事態にあったら、助け合おうという発想からでした。単身者ばかりのマンションに住んでいますから、いざという時に頼りになるのは「ご近所さん」。いつ自分が当事者になるかもしれませんから、親睦を深めておこうといった「危機管理意識」から始まった集いです。

年齢も仕事も異なる人が、お手製の総菜やデパ地下グルメ、銘菓やおすすめのお酒などを自由にセレクトして、おのおののお宅を順番に会場にしています。

「つまらないものですが」とか、「料理には自信がないのですが」「お口に合うかわかりませんが」など、定番のセリフを言いながら、持ち寄り品を披露する人が大半ですが、私はそのような言葉は口にしません。

「めちゃうま！　この味、知って欲しい」

「59年の人生で出会った最高の銘菓」

「料理の腕には自信あり、期待してください」

「この前いただいた◯◯さんの料理を参考にトライしました」

「美味しい確率9割超えです」

「やめられない、とまらない危険な味です」

「美味しいものは体に悪いというのは、錯覚です」


こんな調子でひと言、小さな一筆せんに綴り、持ち寄り品に添えています。

また一筆せんは持参し、手づくりの総菜のつくり方を教えていただいたらメモしたり、情報交換のツールとしても活用しています。

もちろん「最高に楽しかった」「美味しいものぞろいで確実に太りました」「今度はドライカレーを持参します」と、感想や予告を綴り、参加者に渡す場合もあります。

美味しい記憶は舌に残ると言うけれど、案外早く消えるもの。ですが「ひと言心せん」を添えれば、皆の記憶に残りやすい。思い出して会話が盛り上がることも度々あります。

おつきあいしたくない人を、さりげなく遠ざける「敬語」の力

年長者や地位や立場が上の方には、堅苦しい挨拶は抜きにしても、一筆せんの書き出しには、「○○社長様へ」「尊敬する○○様に」（フルネーム）などと書くものです。間違っても「臼井由妃さんへ」や「由妃さんへ」「由妃ちゃんへ」とは書かないでしょう。

しかし親しくなるにつれ「様」や「殿」が「さん」に変わり、ニックネームや下の名まえだけになったり、「ちゃん」に変身する場合もあります。逆を言えば、**名まえひとつでも相手への親近感を演出できるのです。**

しかし、なかには距離を置いてつきあいたい、価値観が合わずつきあうのは疲れるような人もいるでしょう。そんな場合には、終始「○○様へ」（フルネーム）で書き出します。相手が親しみを込めて「○○さんへ」（フルネーム）を書いてきても、変わらず「○○様へ」（フルネーム）を貫きます。**これは「私はあなたには気を許していません」という意思表示。さりげなく相手を遠ざける方法でもあります。**

面と向かって会話をする場合も同じです。相手が「臼井さん」と呼びかけても、「田中様」と返答する。「由妃さん」と呼んでも、「田中様」で通します。

滅多にこの技は使いませんが、自分が親しみを込めて「さん」「ちゃん」「下の名まえ」で呼びかけているのに「様」で返答があれば、違和感を覚えるはずです。

だからといって、失礼なことを口にしているのではありません。都合よく解釈すれば「礼儀正しい」「丁寧」ということになりますから、相手を傷つけることなく、さりげなく遠ざけることができるのです。

基本、私は苦手な人や嫌いな人はいませんが、相性が合わない人はいます。関係を断ち切るほどではない人には「様」で通し、書き出しも「こんにちは」や「ごきげんよう」「おげんきですか？」ではなく、「ご無沙汰しております」「お世話になります」「〇〇様のご活躍を、敬意を持って拝見しております」と、堅めの印象を抱くような一文で始めます。

ちなみに私が「〇〇さんへ」と呼びかけた時「臼井様」と返されたら、私とは距離を置きたいのだととらえています。このニュアンスの違いを覚えておくと、人間関係の機微を理解するのに役立つでしょう。

隣人トラブルを未然に防ぐ「笑顔を呼ぶ一筆せん」

都会では隣人の顔を知らない、ましてや挨拶をしたことも、名まえも知らない関係のなかで暮らしている人がいます。

個人情報の保護が必要だという観点から、「表札」や「ポスト」に名まえを出さない人も見受けられますから、相手と接点を持とうとしても難しい面もあります。

しかし、マンションに住んでいればエレベーターや廊下、エントランスでさまざまな方に出会うでしょう。一戸建てにお住まいの方では、ゴミ出しや玄関まわりの掃除中に、隣人と顔を合わせるはずです。

そんな時、あなたはそ知らぬふりで「スルー」しますか？　それとも、軽く会釈をしたり、「おはようございます」「こんにちは」程度の挨拶はするでしょうか？

私は笑顔で必ず挨拶をします。相手から返答がなくても、挨拶をし続けます。すると、最初は戸惑いの表情で口ごもっていた方も「挨拶」を返してくれるようになります。

そんなふうになったら、「おはようございます、今日もいいお天気ですね」と、挨拶の後にひと言添えます。すると条件反射のように「そうですね、気持ちがいい朝ですね」と、言葉のキャッチボールができるようになります。

そこまできたら、ミニサイズの一筆せんに、

「○号室の臼井由妃です。仲良くしてください」

「ご挨拶できるのが、楽しみのひとつになりました　○号室臼井由妃」

とフルネームにひと言添えて、お渡ししています。この時、電話やメールアドレスは書きません。そこまですると、相手にも「教えて欲しい」といった感が出てしまいますから。

また、ふるさとから名産品が届いたり、珍しいお酒などをいただいた折には、「ご挨拶」と「お裾《すそ》分け」を兼ねて隣人に声をかけます。

「こんにちは、隣の臼井由妃です。ちょっとよろしいですか？」

もちろんお裾分けには、

「快適なマンションですよね」

「天気のよい日に、富士山が見えるのを心待ちにしております」

など、住居まわりの共通の話題に触れたり、

「執筆業に携わっています」

「深夜の帰宅が多いので、ご迷惑をかけないようにします」

など、私自身の事情を書くこともします。

こうしたひと言で相手の考え方と素性を知れば、無用の心配や懸念から隣人トラブルを防ぐこともできます。あなたから声をかければ相手も快く心を開きます。

手料理のお裾分けは「期待値を上げるひと言」添えとともに

「つまらないものですが……」「お口汚しになるかもしれませんが」「お口に合うかどうか心配ですが」と、贈り物やお裾分けをする。これらは、日本人の奥ゆかしさが表現されているひと言。

味に自信があっても「相手の大好物だから笑顔になる」のはわかっていても、定番のセリフのように、謙虚につぶやく。

その思いは理解できますが、受け取る相手から見れば「またいつものセリフ?・」。へそ曲がりの私は、「つまらないものなら、贈らないほうがいいでしょう」「お口汚しになるものを渡すの?」なんて突っ込みを入れたくなります。

贈り物は、相手を喜ばせたいと思ってするのでしょう。不快にさせたいからする人などいないのですから、**謙虚さは封印して、期待値を上げる「ひと言」とともに贈りませんか?**

誰もがわかる名品やブランド品ならば、ひと目でその価値がわかりますが、手料理や手づくりの品では、クオリティーに見当もつきません。

ですから、そこで「つまらないものですが」とか、「お口に合うかどうかわかりませんが」などと口にしたら、「たいしたものでは、ないのだろう?・」と、マイナスの感情で受け取ることになります。せっかくのお裾分けの価値を、自ら下げるなんてもったいない。

私でしたら、

「肉じゃがには、自信があります」

と肉じゃがを。

「糠床《ぬかどこ》と向き合って30年、いい味出しています」

と漬物を。

「形は不細工でも、味はピカイチです」

と手づくりのシュークリームを。

「キンピラ名人と言われています」

などとひと言添え、手料理は使い捨ての容器に入れ、ラッピングを可愛くしてお裾分けをしています。

かつては、凝ったお皿や高級食器に入れてお裾分けをしていましたが、それを返す相手からしたら、「割ったらどうしよう」「ピカピカにして食器を戻さないと」「お返しの品をつけないと、失礼にあたる」と、気を使わせてしまいます。ですから今は、使い捨ての容器にして相手の負担をなくしています。

期待値を上げるひと言のパワーでしょうね。「臼井さんの料理の腕はプロ級」なんておほめの言葉をいただいています。うれしい限りです。

ご近所さんセーフティーチームをつくる一筆せん

ご近所さんとは、ホームパーティーやお裾分けを通じて親しくさせていただいておりま す。遠くの親戚よりも近くの他人と言いますが、私にとってご近所さんは他人ではなく親 戚のおじさんおばさんという意識。ちょっと距離がある肉親のようなイメージですね。

今のマンションに居を構えた当時は、近所づきあいなんて面倒くさいと思っていました。東京生まれで、都会の空気になじんだ私には、「町内会」とか「ご近所づきあい」なんて、無用だととらえていました。

しかし**東日本大震災が、その考え方を一変させました**。愛犬との一人暮らし。頼りになるのは自分だけと思っていたけれど、災害や事故に遭遇したら、一人では対処しきれない。それに見渡せば、独り暮らしの高齢者が多く、自分よりも体力がない弱い立場の方が住んでいます。そのことに気づいてから、自分の身を守りたいという思いから、何かあればご近所さんの手助けをしたいという思いに変わりました。そこで声をかけ始めました。

年齢を重ねていても力に自信があるおじさんには、非常時に備えて、「燃料となるまきづくりや備蓄用の食品の管理」をお願いする。社交家のおばさんには、「非常時の連絡簿づくり」を。マンションで一番若手の方には、「避難場所や公共施設を明示した地図をパソコンで作成」など。私が陣頭指揮を執ってお願いしました。

その際「お願いします」では能がありませんし、上から目線ですから、

「これは○○さんの経験が頼りです」

「デジタル機器に精通している○○さんだからお願いしたい」

などと、**一筆せんで声がけをしました。**ちなみに、私は炊き出し係です。

そうやってご近所セーフティーチームが完成しました。もう、想定外のことが起きても心配はありません。ご近所セーフティーチームで切り抜けるはずです。

「PS」はついでのひと言ではなく、笑いや涙を誘うキラーフレーズ

一筆せんに綴った文章は、相手への思いやりにあふれていながら、自分もラク。そのう

え、インパクトが大きい。さらに「PS」を活用すれば、あなたの個性や人間味を表現することができます。

読み終わった相手は余韻に浸りながら、「どうしているかしら?」「お話ししたいな」、すぐにでも会いたくなって、電話に手が伸びるかもしれませんね。

これは、普通の手紙やメールでは得られない感覚です。短くて中身の濃い一筆せんだから、興味を覚える「PS」があるから、想像力をかきたてられるのです。

私の周囲には、一筆せんの魅力にはまる方が多いのですが、ことに「PSを活用するようになってから、素直に自分を表現できるようになった」「自分の魅力や能力をPSで教えてもらった」「相手の心遣いに感動した」など、感激の声を数多く耳にしています。

私自身、いただいた一筆せんのPSに、感極まったことがあります。

PS「真面目な臼井さんのお茶目な部分を知ってうれしかった」

ある時は、

PS「クールだと思っていたけれど、ホットでほっとしています(笑)」

なんて、堅物で苦手だと思っていた方からジョーク交じりのひと言をいただいて、すごくラクになりました。

ＰＳはついでのひと言ではなく、個性を表し、余韻を演出するエピローグ。

感激や感動を誘い、一筆せんのエンディングを飾る大切な一文です。

私が心を動かされたように　今では人の心を動かすＰＳを考えるのが楽しくなりました。

本文以上に気を使うのがＰＳなのです。

ＰＳ「飲み過ぎか食べ過ぎか、せめてどちらかにしたい（笑）」（忘年会シーズンに）

ＰＳ「男性にチャーミングねと言ったら、怒るかしら？」（ほめ言葉）

ＰＳ「いつも支えてくれてありがとう」（感謝の念）

ＰＳ「超がつくくらい○○さんを尊敬しています」（心遣い）

ＰＳ「○○さんのように決断力ある男になりたい」（ほめ言葉）

ＰＳ「一生、ついていきます！　先輩の背中から学んでいる私です」（尊敬の念）

いかがでしょうか？

「一筆せんの余韻を決めるのは、ＰＳのひと言」です。

そして、ほめることも楽しいことも、時には厳しいことも、「PS」に添えられたひと言で人は心動かされる、変わる、成長する、支え合う、本物の人間関係になれると、経験則ですが私は確信しています。一筆せんから、素敵なおつきあいが生まれ、PSで信頼関係はさらに深まっていきます。

旅先からは、地元の切手とゆかりの一筆せんで旅情を届けよう

一筆せんでコミュニケーションをはかるようになって、13年が経ちました。初めは友人の誕生日プレゼントに「ひと言添える」。また編集者とゲラ（印刷物の内容をチェックする紙）のやり取りをする際に、ほんのひと言、お世話になっていますの思いをしたためていました。

でも喜びの声をいただくにつれ、面談の時間を割いてくださった方に、お会いする高揚感を一文にして手渡したり、別れ際に再会を祈念する「ひと言」添えをお渡ししたり、ご近所さんとのつきあいやお裾分けをする際にと、一筆せんは私の暮らしに欠かせないものになりました。

そして私の周囲にも、一筆せんに魅了され「オリジナルなひと言」を考えストックする、さまざまな「一筆せん」を収集する、営業ツールとして活用するなど、「一筆せんファン」が増えていきました。

私の元に届く手紙の大半も「一筆せん」。白、ピンク、ブルー、グリーン、イエロー……数々の色。縦書き、横書き、ミニサイズや変型判、香りつきのものや外国製のもの。博物館や美術館、記念館など、その土地に行かなければ手に入らない貴重な一筆せんで思いを伝えてくださる方もいます。ほぼ毎日、何かの形で届けられる多彩な一筆せんに心から感謝しています。

そんな「一筆せんファン」に刺激をいただき教えられ、私も講演や旅行に出かけた折りには、「その土地ゆかりの一筆せん」と「地元の記念切手」を購入。旅先から、友人や仕事仲間に近況報告をしています。

尊敬する○○さんへ（フルネーム）
講演の仕事で津和野にきております。

街並みの美しさと人情……
○○さんにお伝えしたくてペンをとりました。
PS　日本に生まれてよかった！
由妃より

「○○さんへ（フルネーム）
商談で大阪にきております。
美味しいものを、厳選して送りますのでお楽しみに。
PS　関西弁がラテン語に聞こえるのは私だけでしょうか？
由妃」

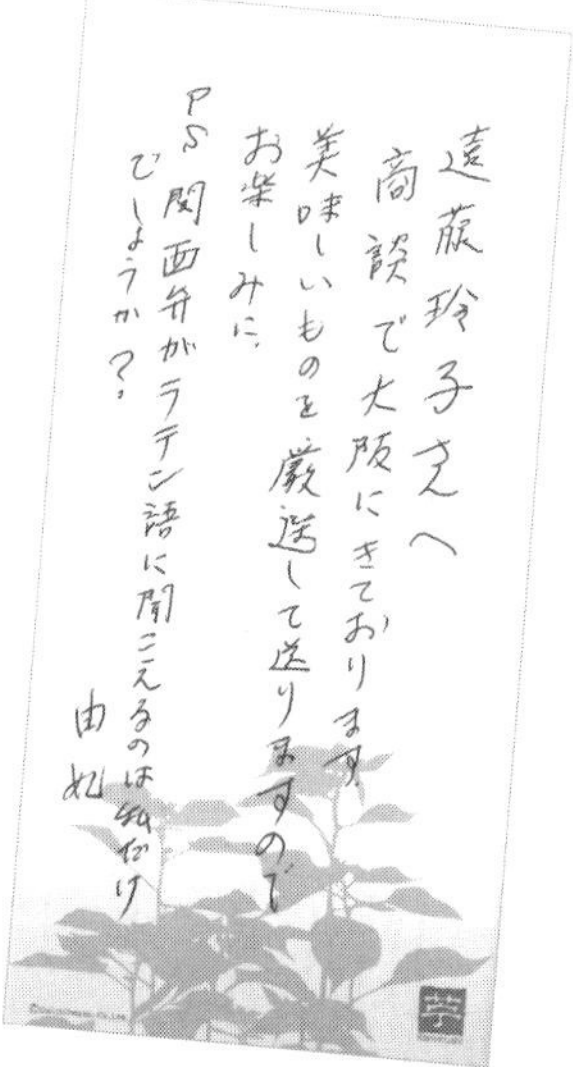
遠藤玲子さんへ
商談で大阪にきております
美味しいものを厳選して送りますので
お楽しみに
PS 関西弁がラテン語に聞こえるのは私だけ
でしょうか？
由妃

こうした一文を旅先で購入した一筆せんに綴り、地元の記念切手を貼り投函。当然、消印もその地のものになる……。

すると一筆せんを受け取った相手は、まるで旅をしたような気持ちになり、封を開ければ旅情はさらに募《つの》る。旅行もままならない忙しい相手に、温泉や観光地の空気感や匂いまでプレゼントすることもできるのです。

こんな気配りができるのは、素敵でしょう。

何を書くのかも大切ですが、どこで書きどう送るのかも、大切なのです。

仲良くなりたい人には、「下の名まえ」で文末を終える

一筆せんの書き出しは、親しみを込めて「こんにちは」「おげんきですか？」「ごきげんよう」などとひらがなで挨拶をする。すると読み手は、やわらかなあなたの面差しや、やさしい空気を感じて、ホッとひと息つけるもの。

「さあこれからお話ししましょう」

「楽しい時間を過ごしましょう」

そこにあなたはいないけれど、面と向かって会話をしているような気持ちになります。

そして吟味して選んだ言葉が数行ならび、

「またお会いできるのを、楽しみにしております」

「お目にかかれる日を、心待ちにしています」

というような言葉や、

「PS　今夜、夢で会えるかもしれませんね」

「PS　お会いする時までにスリムになっています」

なんてお茶目な追伸を添えたら、いよいよ一筆せんの最終局面です。

さて、あなたならば、何と書きますか？


挨拶、本文、締めの一文ときたら、あなたの名まえでしょう。私は、基本「フルネーム」で「臼井由妃」と書きますが、仲良くなりたい人や興味を覚えて欲しい方には、「由妃より」とあえて下の名まえで文末を終えます。

これは「由妃と呼んでくださいね」「今度お会いしたら、由妃とお声がけしてください」という親しみを込めたメッセージ。「あなたには心を許しています」「腹を割って話しましょう」、そんなニュアンスもあります。

せっかく「こんにちは」「おげんきですか?・」「ごきげんよう」など、柔らかなひらがなの挨拶で始めたのに、最後に「臼井由妃」では、温度差があります。親しみを見せておいて、矛盾が生じます。

長くても5行ほどの一筆せんでは、1行、ひと言、名まえひとつでも「どう書いたら、今の自分の思いを正しく伝えられるのか?」を考えましょう。

仲良くなりたいのならば、礼儀をスルーして「下の名まえ」で終えていいのです。

column 町内会の役員になったら、まず「一筆せん」でご挨拶

町内会やマンションの自治会などの役員を任されることがあります。まだ経験がない方や、絶対に引き受けない方もいらっしゃると思いますが、ご近所さん、町内会、自治会の方々との円満な関係抜きには、社会生活は送れない。

家の中は安心、安泰かもしれませんが、一歩外に出たら視線が痛い、何だか無視されているみたい、なんて思いは嫌でしょう。

ご機嫌を取れ、と言っているのではありません。役員就任を固辞したり、いやいや引き受けるべきではない、輪番制で任されたとしても、喜んで引き受けるのがマナーだと思います。

私自身、マンションの自治会役員を何回も引き受けましたが、どんなに多忙を極めていても、「管理維持に、尽力させていただきます」と、笑顔で答えました。そして、先輩の役員の方々には、一筆せんで挨拶もしました。

顔と名まえが一致しない方もいらっしゃいましたから、役員会までには、せめて私の名

まえとどんな仕事をしているのか、伝えるのが筋だと思ったのです。
それは一筆せんを介した自己紹介。そうした挨拶があるとないとでは、風当りが違うと思うのです。あなたが若い方ならば「きちんとした隣人」として、好意的に受け入れられるでしょう。

私の場合、「若いのに気が利く」と、88歳の自治会長さんにほめられました。また仕事を明らかにしたことで、私の著作の発売日には、書店に出かけてくださる方や、「執筆のネタになるかしら?」と、地元の逸話を教えてくださったご近所さんもいます。

挨拶の「一筆せん」で相手の心をノックすれば、老若男女問わず受け入れてくださる。

町内会の役員やマンションの自治会役員は面倒な役回りなんて思わずに、「ご近所さんと仲良くなれる絶好のチャンス」であり、安心、安全、安泰な暮らしを支える基礎だととらえてください。実際、思いがけない出会いやうれしい気づきがありますからね。

第7章

自分を元気にするコツ

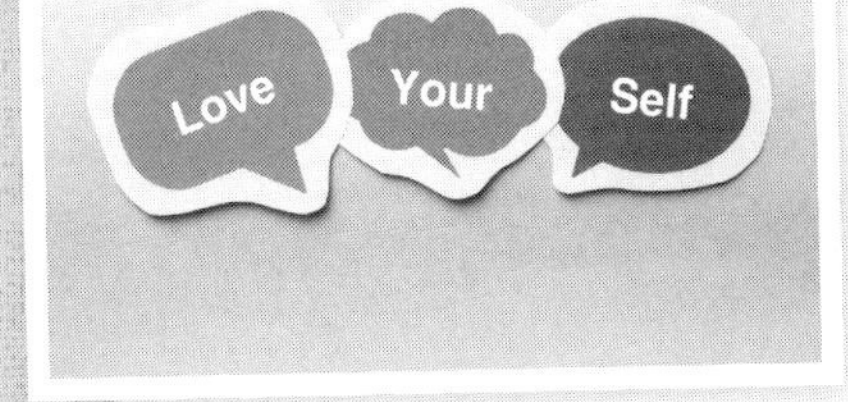

自分を鼓舞する「ポジティブ一筆せん」

あなたは、自分あてに「手紙」を書いたことがありますか？

「手紙」は自分以外の人だけに、書くものではありません。仕事や家事、人づきあいや趣味など暮らしを彩るさまざまな場面に奮闘している自分に、エールを送る「手紙」を書き投函する。そんな習慣をつくるのは、素敵なことです。

自分ではこれ以上がんばれないと感じるほど仕事に集中しても、成果が出ない時もあります。よかれと思って行った気配りを、「お節介」だと受け取られる時もあります。誰もほめてくれない。誰も理解してくれない。虚無感に襲われる……。

私自身、何度も経験してきました。

そんな時には、親しい人に「愚痴」や「不平不満」をぶつけてしまいそうになりますが、声にするのは「嫌な思い」を再現すること。余計に切なく苦しく、情けなくなります。

それに「マイナスの感情」をぶつけられる相手は、辛い思いを共有することになる。親しい人をそんな思いにさせて、あなたは満足ですか？

私は辛い、苦しい、切ない、情けない……かろうじて自分を保っているというような状況でも、人に甘えることはしません。平常心に戻すのは、自分の仕事だと思っているからです。

あなたの心はあなたしかわからない。ですから、「**こんな言葉を送られたら元気や勇気、やる気がわく！」、そんな言葉を選び、一筆せんに綴り、自分あての手紙に託すことをおすすめします。**

ある日の自分あての手紙を、ご紹介します。

「がんばり屋の由妃さんへ。
失敗を恐れず行動すればいい。
結果はついてくるのだから。
あなたの応援団より」

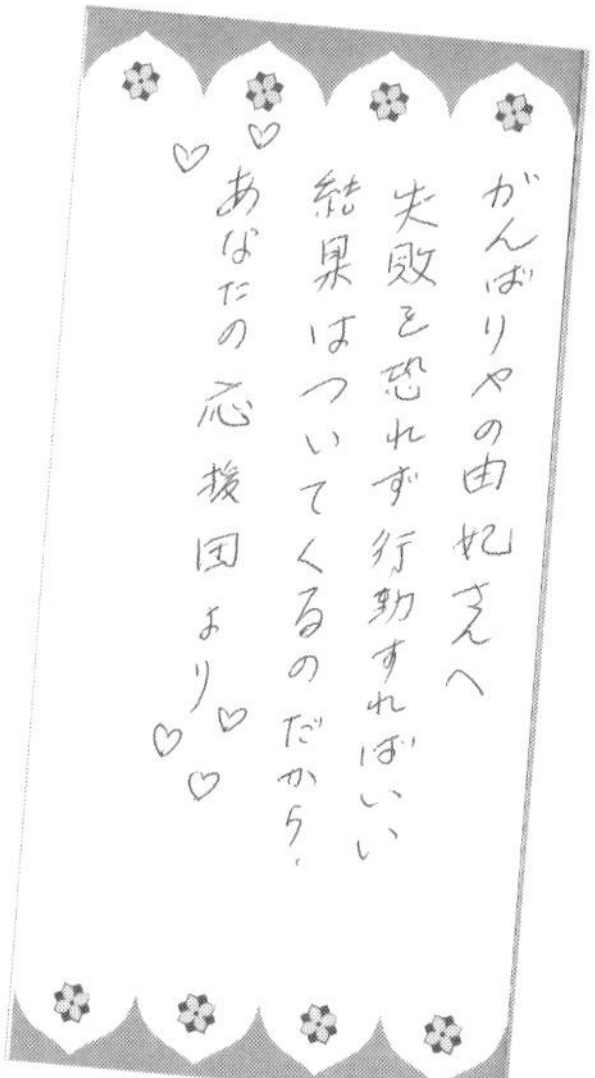

これは、仕事でミスが続き、自信を失いかけていた時期に投函した手紙です。
うれしいことが続いた時には、
「おめでとう！　由妃さん　すごいね。
だからといって、浮かれていてはダメですよ。
足元を固め、さらなる高みを目指そうね。
あなたならばできます」

折に触れ、自分を鼓舞するために、一筆せんを活用しています。
自分で書いたのですから、内容はわかっているのに、封を開く時にはドキドキする。その言葉に、癒され励まされ自分を見つめることもできる。

自分を鼓舞する「ポジティブな一筆せん」は、あなたの人生の水先案内人、そして救世主になります。

うっとうしい気分を一掃させる「さわやかフレーズ」

大人の女性の切ない恋心を歌った秋元順子さんの楽曲「ローズ」には、愛を光と闇にたとえている歌詞があります。

愛を光だと感じる人もいれば、闇だと受け取る人もいる。人によって、またときには受け止め方が違っている。愛には幸福と不安の両面があると表現されています。

実際、幸福にフォーカスすれば感激や感動、歓喜や感謝、公平や円満……私たちのまわりには、心躍ることが数多くあります。

一方、不安にさいなまれると、困難や挫折、誤解や中傷、不平や不満が広がるでしょう。プラスの感情にフォーカスするか、マイナスの感情に支配されるかで、日々の彩りが変わってくるのです。

このごろ失敗続き、ツイてない。そんな時に誰かに愚痴るのは、「ネガティブの押し売り」です。賢明なあなたならば、自分でうっとうしい気分を解消しましょう。

私は、**「さわやかなフレーズ」を、思いつくままつぶやき、うっとうしさをポジティブな気分に変換しています。**

たとえば「(鏡を見ながら)知的、素敵、センスいい！　いい女」などと、自分をほめる。空を見上げながら「今日もいい日になりますね」「最高の一日になりますね」と、自分に言い聞かせる。

「爽快、痛快、大正解」「すっきり、くっきり、はっきり」というように、韻を踏んだ言葉を何度もつぶやくこともしています。

すると、**心が整いマイナスの感情が消えて、笑顔がこぼれる自分になるのです。**

そんな単純なことで、心が変わるのかと思う方もいらっしゃるかもしれませんね。大丈夫、驚くほどのスピードでテンションが上がり、うっとうしさは消え去ります。

なぜならば**「あなたのつぶやきは、耳から心へとストレートに届くから」です。**その感覚をぜひ知ってください。

そして気に入った「さわやかフレーズ」が生まれたら、一筆せんに書いて眺めながら、声にしましょう。ますます、すっきりします。そうした「さわやかなひと言」は、ストックしておきましょうね。次の〝非常事態〟に役立ちます。

がんばり過ぎの自分に贈る「最高傑作な一筆せん」

自分に厳しい人もいれば、甘い人もいます。他人はほめても、自分には「もっとがんばれ」「もっと学べ」「もっと行動しなさい」と、お尻を叩き続ける。

何事にも熱心で妥協を許さない、自分に厳しいからこそ成長できる、その分野の第一人者、尊敬される人物になれるのですが、いつもがんばっていたら、心身とも持ちません。

私は、よく言えば「自分に厳しい」、悪く言えば「がんばりの限界を知らない」人間です。

他人に対してもそういう傾向がありますから、「自分には厳しくても、他人には大甘でいよう」と、言いきかせています。それで人間関係を円満に保っているのです。

しかし手抜きや甘え、妥協などを他人から感じると、「私は、大丈夫だろうか？」とよりがんばりを自分に強いてしまう。多くの仕事を受け、厳しい締め切りを守り、人づきあいも滞りなく、趣味にも没頭する。当然、時間と体力、気力との勝負が続きます。

「何でこんなにがんばるのか？」

私は多忙でないと、社会から必要とされていないと感じてしまうのです。この性格は直せるものではありませんから、時折、恥ずかしくなるくらいの自分にあてた「ほめ言葉」を「一筆せん」に綴り、心身の安定をはかっています。

それは自分だけが目にする「最高傑作な一筆せん」、ほめ殺しスレスレのものです。

「知、美、優……天はあなたに三物を与えました」

「どの道でもあなたならば、極められます」

「あなたは選ばれた人、だから苦労は人一倍多い。だから成功も人一倍大きいのです」

「英気を養ったら、３倍速で成功します」

「あなたを幸福の女神は見逃しません」

「あなたは今世紀最大、最高の傑作です」

こんな言葉は、他人は言ってくれません。でも**自分が自分に贈るならば、何でもあり。**

「最高傑作な一筆せん」で、がんばり過ぎの自分をなだめ持ち上げ、仕事や家事に勤しめる環境を整えてくださいね。

心がざわつく時には、ストレートな気持ちを1行綴る

声にすれば、耳から心へとストレートに届くと206ページでお話ししました。ですから「ポジティブ」になれたり「プラスの気持ち」が生じる言葉でないと、声にすることはおすすめしません。

不安材料を抱えている時に「どうしよう、大丈夫かしら?」なんて口にしたら、現実は大ごとではないのに、脳は「大変な事態が起きた」と勘違いして、心にダメージを与えます。心の安定は望めません。

心がざわつく時には、声にしないで、ストレートな思いを書く。

「一筆せん」に今の気持ちを1行綴りましょう。

誰かへの不満や不信感で落ち着かないならば、かっこつけず、

「○○部長のえこひいき、許せない」

「○○さんは何でも私に押し付ける」

乱暴な言葉でもいいから、思いのたけを書くのです。

自分自身の至らなさや、自信のなさにめげているのならば、

「あんたって本当に愚図《ぐず》、立ち直りなさいよ」

「落ち込んでいると、差をつけられるよ」

芳しくない仕事の成果に、落ち込んでいる時には、

「ウダウダしているのは、あなたには似合わない」

「落ち込んだって結果は変わらない」


そんなふうに綴った一筆せんは、日付を入れてストックしておくといいでしょう。私は1年を目安に保管。年末に、それらを見返しています。すると、苦笑いすることばかりなのです。嫌な思いも過ぎてしまえば、成長の糧になっている。書き残したからこそ、そう思えるのです。

そして、また同様なことが起きても、平然としていられると確信できる。1年を総括して気持ちよく新年を迎えています。

口下手を克服する「マジカルワード」

私が一筆せんの魅力にハマったのは、幼少期にわずらった吃音症によるトラウマもきっかけでした。

初対面の方は今でも苦手で、定番の自己紹介はできても、そこから「どう話を発展させたらいいのか？」と不安を抱くこともあります。ですから「一筆せんに切り出しのひと言」を添えるように、会話の際も、ボールをどう投げるのかをあらかじめ決めています。

キーワードは、「誰にでも当てはまる、ほめ言葉＋真実味あふれる表情」です。

「溌剌《はつらつ》としていらっしゃいますね」

「センスがいいですね」（持ち物を指すのではなく、その人自身を示す意味）

「初対面だとは思えません」

恥ずかしがらず確信を持った表情で伝えましょう。**こうした切り出しのひと言は「マジカルワード」。**

あなたが口下手だとしても、「マジカルワード」のおかげで、相手は好意的な答えを投げ返してくれます。「そんなふうに言われたのは初めてです、ありがとうございます」とか、「お世辞ですか？　でもうれしいです」と。

あなたはそのボールに、「私は正直なんですよ（笑）」、「皆さん、口にしないだけで思っていますよ（微笑）」と答えるだけでいい。

すると、また相手はより好意的になり、あなたへの関心を示してくるでしょう。

口下手の人は、隠そうとする気持ちから「口下手なもので」とか、「人見知りなので」などと、間違った自己開示をする傾向があります。

すると相手は、「口下手の人と話すのは厄介だ」「沈黙になったらどんな話を持ち出せばいいのか？」となります。会話が苦手な相手だっているのですから、困らせることにもなります。

一筆せんの切り出しのひと言が、あなたはもう的確に書けるでしょう。それを会話にも応用すれば、口下手に悩むことなどありません。

「一筆せん日記」で、目標を達成する

1日を終え、今日の出来事や出会った人、感じたこと、天候や季節の移ろいなどを毎日書くのが日記。でも「日記を始めたけれど続かない」「何冊も空白の日記帳を持っている」と嘆く方もいらっしゃるのではありませんか?

「日記帳」に日付を入れ、ちょっとした出来事を綴るだけでは、余白だらけになります。それを目にすると、人はもっと書かなければいけないという気持ちになるもの。それが、日記を習慣にできない原因だと思います。

私もかつては、購入したものの途中で挫折した日記帳を眺めてため息。根気がない自分に、あきれ果てていました。

義務感に駆られた行動を人は嫌います。でも、そうなるのは根気がないとか、飽きっぽいとか、つい自分を責めてしまいます。長文の日記を続けることは至難の技です。

しかし日記を綴ることは、自分と向き合う大切な時間ですから習慣にして欲しい。

そこで、日記帳に挫折した私がおすすめするのが、「一筆せん」を活用した日記です。**1日1行、長くても3行ほど。その日、心に残った出来事や人、思いをしたためます。**日付を入れるのを忘れずに。

季節や気分に合わせてセレクトできるように、好みの色やデザインの一筆せんを数種類用意しておくといいでしょう。

書き終え、黙読したら**「一筆せん箱」**に入れます。それは私にとっては、思い出を保存するというよりも、目標達成に向けて足跡を残す役割。ワンちゃんのイラストが描かれたお菓子の空き箱を活用しています。

私が綴るのは、年頭に立てた目標への経緯や行動指針が中心になっているからです。

「締め切りよりも3日早く、原稿を納めた。
締め切りは驚かせるためにある！
2018年1月8日（晴）　3回目の成人『誕生日』」

「企画書作成、あと5本。
刺激を受けに○○さんと会食。ヒントをもらった。
2018年2月2日(雪)　転倒しないようにおよび腰で歩く」

仕事の愚痴や家族や周囲への不平不満を書く人もいらっしゃるかもしれませんが、それは書いても丸めて捨ててしまいましょう。

残すべきは、明日に希望を見出す一筆せんです。

そして、時折読み返し、自分を鼓舞させたり行動を修正する材料にしたり、大いに活用してください。

column 吃音症で話下手だった私を救った「女神のひと言」

「由妃ちゃんの声には魅力がある」

それは、28歳の時、思いがけずいただいた、おほめの言葉でした。

吃音の症状は和らいではいたものの、何かがきっかけでしゃべられなくなるのではないか？　恐怖に近い不安から、私は極力口を開きませんでした。

親しい人と交わす挨拶や、相手の話に共感する言葉も、「おはようございます」「こんにちは」「すごいですね」「そうなんですか？」「素敵です」「そう思います」……振り返ると会話と言えるようなものではありませんでしたね。

そんな日々のなかで、尊敬する年上の女性から「由妃ちゃんの声には魅力がある」と言われたのです。吃音、話下手、あがり症、対人恐怖症……私は会話をめぐる劣等感のなかで育ちました。ですから、「自分の声」に関心もなければ、そんな言葉をいただけるなんて考えもしなかったのです。

「本当ですか？」

心は躍っていたけれど、疑いのまなざしで私はたずねました。

「本当よ、もっと自信を持ちなさい」

そう力強く答えてくれた彼女。


「由妃ちゃんの声には魅力がある」は、私を変えました。

「うまく話せなくてもいい。心地よい響きの声で返事をしたり挨拶をすれば、きちんと会話をしたことになる」

声に自信を持って相手に接するうちに、会話への恐怖感が徐々に消えていったのです。

コミュニケーションの醍醐味を学び、執筆業や講演業への道へ導いてくれたのも、「由妃ちゃんの声には魅力がある」

あの日の「女神のひと言」のおかげです。

私が変われたように、あなたの愛や思いやり、尊敬などが込められたひと言で救われる人がいます。

あなたの「ひと言」を待っている人がいるのです。

おわりに
言葉には、人の「想い」が込められている

最後までお読みいただき、ありがとうございます。

あなたにお会いできた奇跡に、心から感謝しております。

本書は、不思議なご縁の積み重ねで生まれました。

「臼井さんに会いたい」

顔見知りではあっても、仕事はご一緒したことがなかった編集者さんの「ひと言」を耳にした旧知の方が動いてくださり、面談の機会を設定。

「眠っている原石を掘り起こそう」と、私の著作分野を探求した結果、誕生しました。

「臼井さんに会いたい」

あのひと言がなければ、本書は日の目を見なかったわけです。


たったひと言、されどひと言。

それをどう伝え、いかに受け止めるかで、あなたの人生は大きく変わる可能性を秘めているのです。執筆を終えた今、改めて「ひと言」の重みを感じています。

言葉には、それを発する人の「想い」が込められています。何気ないひと言であっても、それは「魂の声」です。その声に素直になってください。

いただいた声を、素直に受け止めてくださいね。

すると、話し下手だとか書くことは嫌いなんて、コミュニケーションへの苦手意識は消えていきます。

幼少期に患った、吃音症のトラウマから逃れることができなかった30年余り。

黙秘権を行使するような日々は、本当に辛かった。

けれど、「ひと言ならば、私でも伝えられるのではないか?」。

「ひと言添え」を実践しながら、私は闇から抜け出すことができました。

本書は、「一筆せんの書き方」を示しただけのものではありません。

「あなたがあなたらしく輝くためのヒント」を網羅《もうら》しています。

まずは気になったことから、実践してください。

一つずつ、実践するうちに「私にはこんな能力があった」「魅力を持っていた」と気づいたり、素晴らしい方との出会いや仕事に恵まれたり。

うれしいサプライズが、あなたを待っています。


本書が、あなたの生涯の友になることを願っています。

あなたの可能性は無限大です。

2018年1月8日

臼井由妃

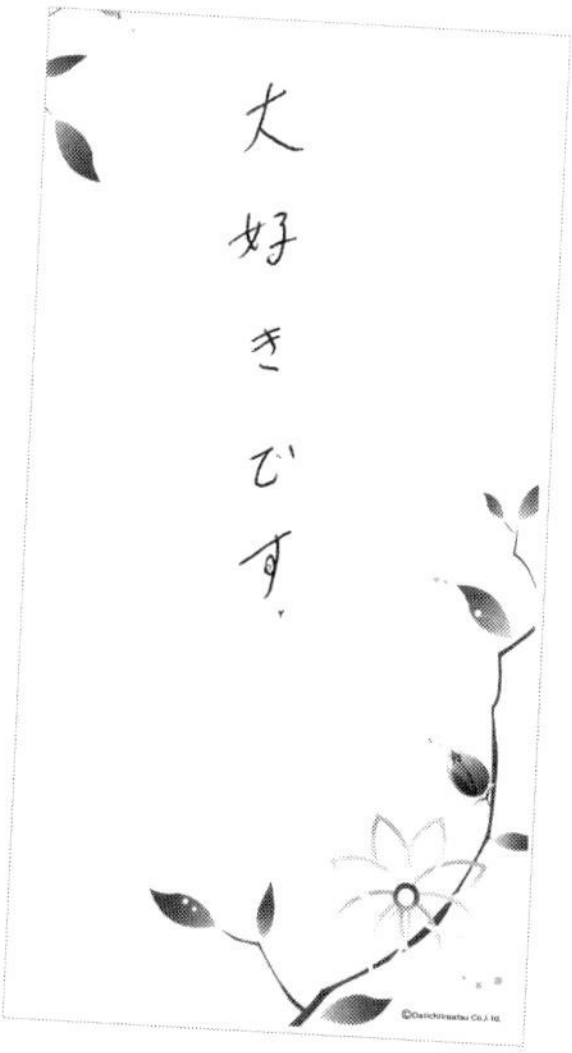
大好きです。
©Daiichi Insatsu Co.,Ltd.

臼井由妃の主な著作

『心が通じる ひと言添える作法』(あさ出版)
『仕事・人生・人間関係がうまくいく「すなお」の法則』(あさ出版)
『40代を素敵にしなやかに生きるシンプルセオリー』(アスペクト)
『50代 私らしく輝くための流儀』(アスペクト)
『愛する人が死ぬ前にやっておくべきこと』(日本実業出版社)
『できる人はなぜ、本屋で待ち合わせをするのか?』(翔泳社)
『1週間は金曜日から始めなさい』(かんき出版)
『仕事の8割は人に任せなさい!』(青春出版社)
『忙しい人の即効!勉強術』(すばる舎)
『お金持ちはなぜ、靴をピカピカに磨くのか?』(朝日新聞出版)
『お金持ちになる男、なれない男の習慣』(学研)
『お金持ちになる勉強法』(青春文庫)
『ほめ言葉の魔法力』(PHP文庫)、他多数。

漫画・無料配信

『お母さん あなたを殺してもいいですか?』
起案者・原作 臼井由妃/作画 秋本尚美/シナリオ 新田哲嗣/
マンガ制作 トレンド・プロ

http://usuicomic.main.jp/

2018年1月8日現在

著者略歴

臼井 由妃（うすい ゆき）

著述家。熱海市観光宣伝大使。1958年、東京生まれ。

33歳で結婚直後、ガンで余命半年と宣告された夫を支えながら、独自の発想法と行動力でヒット商品を次々に開発、通販業界で成功を収める。

経営者・講演家・ビジネス作家として活躍する傍ら、理学博士号・MBA・行政書士・宅地建物取扱士などを次々と短期取得。その実践的な勉強法や知識の広さには定評がある。

著書も多く、その累計は150万部を突破、ビジネス書から健康書、自己啓発書、女性の生き方など、幅広い分野で精力的な執筆活動を続けている。

関連サイト

臼井由妃 公式ウェブサイト
http://www.usuiyuki.com/

作家・臼井由妃 公式ファンページ（facebook）
https://www.facebook.com/yukiusui55

臼井由妃オフィシャルブログ「臼井由妃の幸せバンク」
https://ameblo.jp/dr-yuki/

たった3行《ぎょう》！ 心《こころ》を添《そ》える一筆《いっぴつ》せん。

2018年3月15日 初版第1刷

著　者 ———— 臼井由妃《うすいゆき》
発行者 ———— 坂本桂一
発行所 ———— 現代書林
〒162-0053 東京都新宿区原町3-61 桂ビル
TEL／代表 03(3205)8384
振替00140-7-42905
http://www.gendaishorin.co.jp/
ブックデザイン ———— 原田恵都子(Harada+Harada)
企画編集協力 ———— 遠藤励起
帯使用写真 ———— PIXTA(帯表)
本文使用写真 ———— PIXTA(章扉)
一筆せん協力 ———— 株式会社第一印刷

 印刷・製本：広研印刷㈱

ISBN978-4-7745-1694-3 C0030